脈輪調頻

Raise Your Vibration

凱爾
Kyle

楓樹林

脈輪調頻

111個深化靈性共振的日常練習

出　　版／楓樹林出版事業有限公司
地　　址／新北市板橋區信義路163巷3號10樓
郵政劃撥／19907596 楓書坊文化出版社
網　　址／www.maplebook.com.tw
電　　話／02-2957-6096
傳　　真／02-2957-6435
作　　者／凱爾・葛雷
譯　　者／謝孟庭
責任編輯／周佳薇
校　　對／周季瑩
港澳經銷／泛華發行代理有限公司
定　　價／550元
初版日期／2022年6月

國家圖書館出版品預行編目資料

脈輪調頻：111個深化靈性共振的日常練習 / 凱爾・葛雷作；謝孟庭翻譯. -- 初版. -- 新北市：楓樹林出版事業有限公司, 2022.06　面；　公分

譯自：Raise your vibration : 111 practices to increase your spiritual connection

ISBN 978-626-7108-34-5（平裝）

1. 靈修

192.1　　111004836

CONTENT

心靈筆記

我的靈性之旅開始得很早。十五歲時，我投身到浩瀚的宇宙間，尋找一切的解答與生命的意義。那時的我每天都花很多時間閱讀、書寫與冥想，做這些事就像施展魔法一樣，總能帶給我神奇的力量。回到現在，很多人常問我為什麼這麼「有靈性（psychic）」，也總是笑容滿面、樂觀開朗的樣子，我每次都會回應同樣的答案：因為我每天都做「靈性練習」。

將靈性練習融入日常生活，是發展靈性能力、天賦與特質的關鍵。當你花時間探索真實的自己、全神貫注地冥想，你就為生命創造了成長的空間，鼓勵內心全然地敞開，與生命之流合而為一。

我常把心靈比喻為一座花園。如果你選擇放任不管，有些地方就會開始長雜草，美麗的花朵會逐漸枯萎、衰亡，整座花園最後變得死氣沉沉。不過，如果你願意悉心照料，播下新的種子、施肥除草，讓原本貧瘠的角落成為孕育生命的沃土，就會看到自己的努力結出了甜美果實。

你的心靈也是如此，只要種下對的種子，它們就會開始發芽。你的心靈就是你耕耘靈性能量、與身心靈連結的空間。

很多人讀過我的書、參加過我的教學示範或工作坊，他們常問我，各要維持靈性連結，哪些書、工具、牌卡或水晶的效果最好。大家似乎覺得依賴取巧的方法或捷徑，能讓他們更快達到靈性覺醒的境界，但事實並非如此，而且這種想法其實**不切實際**。

創立阿斯坦加（Ashtanga）瑜伽的帕達比．喬艾斯（Sri K. Pattabhi Jois）是我很喜歡的一位瑜伽大師，他說：「瑜伽是百分之九十九的練習，加上百分之一的理論。」這句話一點都沒錯，追求靈性也是同樣的道理。如果你想擁有深層、有意義的靈性連結，**一定**要實際投入練習。因此，這本書基本上是我對於各種靈性大哉問的回答，也是對你的溫柔「鞭策」，用意是幫助你建立屬於自己的每日靈性練習。

踏上靈性之旅的十二年來，我接觸過各種學派理論、能量療法與冥想練習。現在，我將過去學到的一切加以統整，為你設計了一套每日靈性練習，你要做的就只是沿著我為你開闢的道路，勇敢前行。

許多古今聖賢都說過，你想找的答案就在**你**身上。**你**需要的力量與工具，以及你想看見的魔法和奇蹟，全都存在於你的內心深處。只要你找到本心，就能找到尋覓已久的解答。我衷心期望這本書能像一張地圖，指引你重返真實的自己，然後好好感受心裡那份輕柔、溫暖的愛。

願我們都能照料自己的心靈花園，願你靈魂的陽光讓靈性種子發芽茁壯，孕育充滿愛與喜悅的人生。

凱爾．葛雷

2015 年 1 月於印度邁索爾

致　謝

真心感謝自己能走到這一步，與全世界分享我的第五本書，真是太令我開心了。我想感謝 Hay House 出版社的每一個人，讓我有這個難得的機會，能與全世界分享我的願景，看見自己的夢想成真。

我也特別感謝我的策畫編輯，也是 Hay House 英國總經理的蜜雪兒．畢理（Michelle Pilley）。謝謝妳提供了一個空間，還挹注許多資源，讓與我有相同目標人能綻放自我。能遇見妳真是三生有幸。

我也要感謝我的編輯麗茲．亨利（Lizzie Henry），妳是文字魔術師與人間天使。感謝黎安．安娜斯塔西（Leanne Anastasi）協助封面與內頁設計，每個練習標題旁的視覺元素都散發美妙能量，真是太酷了！感謝茱莉．奧頓（Julie Oughton）帶領大家凝聚共識，讓本書順利付梓。妳們是偉大的幕後英雄，願美善的能量充滿妳們心中。

感謝喬．伯吉斯（Jo Burgess）、露絲．圖克斯伯里（Ruth Tewkesbury）與湯姆．柯爾（Tom Cole）協助宣傳與社群媒體推廣，你們總能在我需要的時候推我一把，我愛你們！另外感謝潔西卡．吉普森（Jessica Gibson）協助我打造、經營自己的分享平台，妳超讚的！

我也想藉此機會感謝格蕾塔·莉普（Greta Lipp）以及瑞吉（Wrage）一家，謝謝你們幫助我在德語系國家分享我的靈視與理念。我有了全新的歐盟家庭，也為此滿心感謝。

親愛的天使，感謝祢們每天與我同在，帶來許多美好。感謝祢們提醒我記起內在的聖光，幫助我活出最閃耀的光芒。祢們是我的靈性好夥伴，祢們與這個世界分享的愛如此豐盛，我沒有一刻不感動、不著迷。謝謝祢們，謝謝、謝謝。

親愛的宇宙，在你面前，我謙卑地俯首。你是我的磐石，是聖光中的聖光，是此刻的一切。感謝你讓我的每一天都充滿驚喜和「彩蛋」，真是太美妙了。

最後，感謝我的母親與我一起踏上這條路，感謝妳為我做的一切，讓我成為今天的我。我好愛、好愛、好愛妳！

引　言

宇宙間的萬物都是由能量組成，這是靈媒和科學家難得的共識。你也是宇宙萬物的一份子，此時此刻，你身體裡的每個細胞、周圍空氣中的每個原子，甚至是現在坐著的椅子，都有能量在穿梭流動。能量是活的，它就在這裡，就在這個當下。能量是構成我們的元素，也讓我們與過去、現在與未來的一切連結。

能量是一種微弱但快速的振動，不帶任何特性，但會感應我們的情緒與行為而變化，我們也會加以回應。大家應該都曾經歷過走進一個房間，卻感覺「氣氛不對」的經驗。如果在我們抵達之前，有人在派對上起了衝突，我們到場之後，一定會覺得腸胃「怪怪的」，彷彿在告訴我們趕緊迴避，甚至馬上離開。感覺「氣氛很好」的時候則恰恰相反。舉例來說，如果看到幾百年沒見的好朋友，我們一定非常激動開心，根本不想離開。其實我們時時刻刻都在回應周圍的能量振動。

當我們將自己的振動發散出去、傳送到浩瀚的宇宙，至上的宇宙也會有所回應。可以說這世界就像一面巨大的鏡子，映照出我們心裡的每一個念頭、每一種情緒及所做的每一件事。外在的環境其實是意念投射的結果，反映了我們與他人的內心思維。

你現在讀這本書，正是因為你下定決心要活出更有意義的人生。宇宙已經聽見了你的呼求，也準備好在未來的一路上支持你。

如果想讓生命更有意義，過著充滿價值、喜樂且豐盛的生活，首先要相信這是可能的。萬能的宇宙當然希望大家過得幸福快樂，但它也尊重我們的自由意志。我們被帶到這個世界上，是為了體驗美好的人生，但我們必須有意識地做出這個選擇。因此，我們需要提高振動頻率，讓外在的世界去感應、投射我們內心散發的正能量，便能擁有自己從未想過的精彩人生。

這就是你渴望的時刻，如果你準備好展翅高飛，就開始追求靈性的制高點吧！跟我一起提高振動頻率，踏上一場靈性覺醒之旅。

感受能量振動

「能量無法被創造或毀滅，只能從一種形式轉變成另一種。」

——愛因斯坦

小時候，我就能感受到旁人、動物和空間散發出的一些「氛圍」，我感覺那些無形的東西就在那裡。其實不只我，每個人都可以察覺。早在你還小的時候，就有能力辨別周遭氛圍改變。你的直覺能感應危險、悲傷、愛或歡樂等氛圍，而我感受到的強度是一般人的十倍。我會先有一種隱約的感覺，接著，內心深處會突然有一種非常明確、深刻的感受，告訴我感覺對了，或是情況不太對勁。多年來，我努力壓抑這種自然出現的直覺，因為我覺得這一點都**不自然**。

然而，能夠感受四周的氛圍，其實是再自然不過的事，大家反而覺得沒什麼了不起，但這不代表我們會因此順應內心的直覺。我們都曾在一件事發生之後，脫口說出：「我就知道會這樣」或是「早知道就相信自己」。會有這種感受，是因為當初我們察覺到什麼改變了，或者有什麼東西鼓勵**我們**做出改變。我認為那個「東西」是一種振動，一種能量。

上高中之後，我開始對東方信仰體系產生濃厚興趣，對印度教與佛教尤其著迷。這些宗教談到一種創生宇宙的振動聲音，也就是一股稱為「唵」（讀作嗡）的能量。相較之下，科學家至今還不清楚是什麼創造了宇宙，宇宙是以什麼組成，甚至認為宇宙就是一片「虛無」。不管你怎麼稱呼，宇宙都真實不虛、確實存在，你我都心知肚明。我們能感受到宇宙，是因為我們就是它的一部分。

高頻與低頻振動

我們會透過內在感受來解讀能量振動。你是否曾不經意地出現在一個歡樂的場合，身旁的每個人都有說有笑、跟著音樂自在舞動？你是否曾看到一群人開懷大笑，不禁想參一腳湊熱鬧？那些快樂的笑聲填滿了你的全身，你感覺自己的胸口舒展，所有煩憂和疑慮都拋在腦後。你感到活力滿滿，這就是高頻振動。

相較之下，當你知道自己陷入危險，肩膀不自覺聳起，頭愈來愈低，本能地保護最脆弱的心臟。你好想蜷曲成一個球體，這就是低頻振動。

我們必須先經歷過低頻振動，才能比較出高頻振動帶來的感受，但這不表示我們得一直待在低頻振動。重點來了：要怎麼樣擁有高頻振動呢？

你的頻率有多高？

人生總有高低起伏，該發生的事情總會發生，但我們能決定自己的感受，選擇發散出去的能量。我們想的每一個念頭、做的每一個選擇，都決定了我們的振動頻率。

我非常喜歡達賴喇嘛尊者，非凡的聖者，他真的是很特別的人。我記得有一次他到訪愛丁堡，我跟朋友黛安（Diane）前去目睹他的風采。他現身的時候，我完全被他的氣場震懾。這個人經常走訪世界各地，每一年與上千萬人分享他的智慧，但他絲毫不顯疲態，臉上總是掛著溫暖親切的笑容，身上散發的能量有如萬丈金光，讓人目眩神迷。

我當時心想，如果我也能散發如此耀眼的光芒，該有多好。想了一下之後，我領悟到，達賴喇嘛每天都投入靈性練習，日復一日、終其一生。要像他那樣散發動人光芒，唯一的方法就是建立我自己的靈性練習。

什麼是每日靈性練習？

我們先來釐清幾件事，因為我不希望在還沒開始之前，就讓你感到洩氣或有壓力。我知道很多人曾經發願要每天練習冥想，或準時到瑜伽教室上課，結果難以堅持下去，而為此感到焦慮、氣餒。我自己也有過這種經驗，所以完全可以體會！

每日靈性練習是你自主做的選擇，也是一份珍貴的禮物，能幫助你了解原來自己不只是一個軀體而已。你可以選定一天的某個時段進行靈性練習，也可以在冥想靜坐、練習瑜伽，或為自己進行能量療癒的同時加入靈性練習。不過，每日靈性練習並不是一天一次、做完就好的功課，它其實更像是你為那一天設定的意圖（intention）。

你會在一天當中的不同時刻，有意識地去覺察、複習那份意圖。為何要如此？因為在一天的開始充滿正能量並不難，但是當你逐漸遇到現實生活中的挑戰或挫折，最初的意圖就很容易被擱置在旁。不過，如果你能悉心栽培自己的心靈花園，在每一天的開始種下正向意圖的種子，之後不時灌溉及照料這座內在花園，它們便會發芽茁壯，很快你就會覺察自己內心繁花盛開，生活充滿怡人的芬芳。

所以，每日靈性練習並不複雜，但需要用心實踐，這跟追求靈性是同樣的道理。每日靈性練習就是在心中設定正向的意圖，接著在這一天內不時提醒自己，並敞開心胸，接受內心得到的任何指引。

透過每天的靈性練習，你能漸漸提高振動頻率，開始散發閃耀、純淨及喜悅的能量，感受你值得擁有的心靈平靜，活出你值得享受的美好生活。

靈性與宗教

另外，你的每日靈性練習不一定要跟神明或宗教有關。練習的重點是與自我對話，建立你和宇宙的連結。如果你有宗教信仰，也可以將敬拜儀式與靈性練習結合。兩者完全沒有衝突，因為我只是鼓勵你去察覺內在的光，與自己的神性更為親近。

我覺得自己並沒有宗教信仰。世界上有**太多**方式能帶我們感受愛與神性，信奉單一宗教對我來說稍嫌侷限。我沒有宗教信仰，但是我充滿靈性！

我並不排斥「神」(God) 這個字，但為了讓這股能量更開放、更普世，我在書裡把它稱作「宇宙」或「神性」(the divine)，因為它不單指一信仰，而是蘊涵了一切。

接下來，讓我們深入談談提高振動頻率這件事，認識它對你的幫助。

提高你的振動頻率

「如果你願意改變對一件事情的看法，並全心全意地相信，則事情必定、也終會改變。」

——新思想運動領袖 埃米特・福克斯（Emmet Fox）

你就是自身世界的造物主，你思考、感受以及表達的一切，都會實際釋放到宇宙間，造就你眼前的道路。意念就像是將石頭丟到湖面漾起的漣漪，它會從中心往外散去，造成周圍環境的波動與改變。

你的起心動念無時無刻不在創造擾動。就像漣漪會隨著潮水往外退去，再以海浪的形式回來，你的意念也會以同樣的方式回到心中。因此，我們要專注在對自己有幫助，而不是有害的念頭上。

我們的所思所想反映了內心感受，反之亦然。想到喜愛的事物會感到開心；回憶過往的煎熬會感到與痛苦。如果我們一直想著過去的苦痛經驗，很可能會陷入絕望的深淵而動彈不得。

提高振動頻率是一次大掃除，將你對自己、對人生的舊有想法丟掉，換成更正向積極的意念。當你改變了心中的意念，你的世界也因此改變。

我第一次學到「轉念」的概念，是因為讀了露易絲・賀（Louise Hay）的書，她是我最早接觸的靈性作家之一，從此成為她的忠實粉絲。透過啟發人心的文字，露易絲引導世人了悟：我們就是自己人生故事的寫手。我們能選擇對人生抱持正向、愛的意念，或選擇陷入恐懼的泥沼。怎麼選都可以，但我們心裡知道在這兩個選擇中，只有一個對自己幫助比較大。

我前陣子到德國弗萊堡演講，一位女士請我給她一些人生指引。她想知道自己下半輩子沒有伴侶，是不是業力的緣故。她和三個孩子坐在前排，孩子都還只是青少年。我看著她的時候，心裡一股愛就這樣湧了出來。我立刻明白了她的情況：她在生活與人際關係上經常遭遇失望。當我感應她的振動頻率時，發現在她的內心與生命中，有一個未被覺察的故事。

瑪莉安（Marion）的婚姻並不幸福，經過長時間的煎熬，兩人協議離婚。她的丈夫對她不忠，常藉故待在所謂的「辦公室」，不願回家陪伴妻小。瑪莉安與孩子都渴望獲得他的關愛與肯定，但他最後仍讓家人失望。如此被冷落、拒絕的經驗讓瑪莉安非常受傷。在外人的眼光裡，她是個撐起家庭、獨立堅強的女性，但她內心卻感到孤單又自卑。

當我感應她的能量時，我可以察覺到，她告訴自己的故事，其實比實際情況還要黑暗。她告訴自己：妳不是一個好女人，妳一定是做錯什麼事。然而，她同時又覺得自己深陷可憐的處境，每天問自己：「為什麼我會遇到這種事？」，甚至是「我犯了什麼錯，怎麼會淪落到這個地步？」

我用盡可能委婉的方式，告訴瑪莉安她的狀況和內心的意念。我也告訴她，我知道怎麼改變現況。

我能感覺到瑪莉安的天使支持著她，用歌聲唱頌她的美好。她的天使想要感謝她對婚姻忠誠，感謝她將家庭放在第一位。我跟瑪莉安提到她的天使，說她真的很棒、很了不起。

後來，我發現瑪莉安的一種思考模式羈絆了她，讓她無法獲得充滿愛與支持的關係。

我告訴她：「妳在之前的婚姻中經常受傷、遭到冷落，妳習慣了被這樣對待，所以認為未來的關係都會如此。妳在生命中吸引不到正向的關係，是因為妳預期會再次受傷，而且不願意再讓自己受到傷害。這種意念在妳的心裡築起了一道很高的牆，擋住了妳值得擁有的愛。我的朋友，妳值得去愛人，也值得被愛。這是沒有任何交換條件的，妳也不需要刻意努力追求。體會愛本來就是屬於妳的神性權利！」

我才說完瑪莉安便流下淚來，放下了心中累積已久的苦痛。透過靈視，我看到她內心原生的陰影能量消失散去，取而代之的是金黃色光芒，輕柔包圍著她。這象徵著她的振動頻率提高。

瑪莉安告訴我：「你說得沒錯。我很渴望一段關係，但是我隱約覺得自己只會再次受傷，我也知道這種想法阻礙了我。但是我已經準備好改變心態，謝謝你讓我知道該怎麼做。」

找出是什麼阻礙我們擁有理想的生活，永遠是改變的第一步，但這並非生命的奇蹟。我們轉念、改寫內心敘事的能力，才是真正的奇蹟。在瑪莉安的故事裡，她必須體認到自己值得擁有愛，而且不是每個人都會傷害她。在鼓勵之下，她明白自己就是愛的化身，因此能提高靈性振動頻率，顯化她值得擁有的人生。

宇宙

宇宙非常美妙，它的本質即是能量，會時時回應我們的自由意志，只是一般人不會發現這件事。很多人並不知道，自己能選擇發散出去、接收進來，以及身旁環繞的能量。但是，事情也不是一句「我喜歡那股能量，給我來一點」這麼簡單，我們的能量其實取決於內心的感受。舉例來說，如果你每天都覺得自己是「人生失敗組」，失敗就會是你的人生故事。如果你每天都覺得很快樂，因為一些平凡的小事而感到滿足，生活也會持續延續著快樂。

宇宙是無限的，能給予我們的豐盛無法細數，但我們的現實生活卻充滿限制。仔細想想，這其實很弔詭，對吧？但這世界使我們信以為真：心想事成只是在做夢，我們隨時都有可能會失去現在擁有的一切。這種想法純粹是**無稽之談**。

當我們選擇提高振動頻率，就要下定決心，前往一個充滿無限可能的地方。我們選擇去接受宇宙樂意給予的無限能量。

能量是無盡的，永遠不會消滅。即使我們的身體凋亡，能量依舊會繼續存在。我們都是生命共體的一部分，能夠從有形轉換為無形。少了有形的軀體，聽起來好像是一種損失，其實不是。我們轉換為無形狀態時，才是回到了生命最自然的狀態。

當我們接受自己是無限的，而且永遠與萬物合一，就讓無限的可能進入生命中，奇蹟當然也不例外。

奇蹟

有靈修寶典之譽的形上學書籍《奇蹟課程》（*A Course of Miracle*）指出，「奇蹟會以愛的形式自然發生。」但是，很多人不相信奇蹟的存在，也不覺得自己值得擁有奇蹟，為什麼呢？

我們從小到大，都活在一個比分數、爭排名的世界裡。他人會衡量我們擁有的財富、每個月的收入、身上穿的行頭或外表長相等等，同時我們也會幫別人打分數。在這種互相比較的文化下，我們常覺得自己不完整、不夠好。這種自卑感開始主導了我們的生命敘事，反覆說著：「我們不配擁有奇蹟。再說，奇蹟數量有限，如果我們得到一個，表示有人因此得不到，這可不公平。」

從現在開始，我們必須做出改變，重新拿回敘述生命的主導權，創造充實完滿的人生，一個隨時歡迎奇蹟的人生。

不只如此，大家都能享有奇蹟。《奇蹟課程》書裡也提到：

「奇蹟不會互相競爭，你能夠創造的奇蹟是無限多的。」

你值得擁有奇蹟，因為你存在這世上，如此而已。我深信每個人最初都是以奇蹟的形式存在，我們也能在生命中創造奇蹟。

簡單來說，奇蹟就是觀點的改變、思維模式的轉換，最終造就人生的轉變。奇蹟不一定要是晴天霹靂的外來事件，它可以是細微的內在轉變，讓我們因此感覺完整、圓滿。

奇蹟沒有大小之分，轉變心中意念跟高靈（holy master）現身都是奇蹟，兩者沒有孰高孰低。在這部分，放下比較的心態非常重要，如果我們認為某件事太過偉大，心裡就會覺得它遙不可及。而內在意念決定了外在的世界，那麼這種想法就會讓這件事變得難以實現。

有一個觀念對我幫助很大，我寫在自己的日記裡：

「重點不是奇蹟的大小，
而是你願意創造多少空間讓奇蹟發生。」

提高振動頻率，就是在生活中為奇蹟創造空間。你在心裡保留了一個地方，準備接收來自宇宙的愛與支持。當你投入每日靈性練習時，也在提醒自己：你值得被支持，你值得擁有奇蹟。

翱翔的靈魂

當你走進一個房間，看到很久不見的親人或摯友，你會非常興奮激動，一顆心快樂地像要跳出來一樣，感覺熟悉又親密。在肢體互動上，你想要跟對方擁抱，想要握住他們的手，看著他們的眼睛，綻放大大的笑容。在心靈（頻率振動）層面，一種熟悉感在彼此之間流動。你的靈魂認識對方的靈魂，你能感覺到他們的光，也能從內在感受到這道光。

此時此刻，你心中滿溢的愛是非常特別的，它代表了你的自然狀態。自然狀態的你擁有高振動頻率，正因如此，愛人與被愛的感受才會如此美好。愛是最高的振動頻率，也是宇宙運作的基礎。任何不是愛的事物，例如恐懼，或是任何負面的能量，都會讓我們感到焦慮，或是想要掉頭遠離。這是因為這種能量與我們的自然狀態相差最遠。

開始提升振動頻率後，你會順著最自然的感覺走。對於讓你不舒服的事物，你會盡量避開，而即使你真的感覺不舒服，意念與感受也會因應轉變，引導你回到原始的自然狀態。

舉個例子，我喜歡玩單板滑雪，也喜歡做瑜伽，這兩種活動都能帶來極大的快樂。無論是在瑜伽墊上練習瑜伽，或是站在滑雪板上，從山坡上高速疾馳而下，我都感覺充滿生命力，覺得擁有一切，而且無所不能。簡單來說，我覺得自己充滿無限可能。在這種純然的喜悅下，我與內在潛力連結，我提高了振動頻率，和宇宙同調。我也能將能量導引到對我有幫助的事物，放下羈絆我的一切。我能夠設定心中的意圖，並且往目標邁進。

感恩

做自己喜歡的事，或是與喜愛的人相處時，內心感受到的自然狀態就是高頻振動。要進入這種狀態還有一個方法：懷抱感恩的心。

感恩本身就是一個奇蹟。感恩是對於擁有的一切表達由衷感謝，心裡因此感覺完滿。知道自己的杯子不只填滿，還有水源源不絕地冒出，能進一步提高我們的振動頻率。

我在公開活動上分享時，都會為自己設定意圖：無論我們從這個經驗中得到了什麼，都會在此時此地對眾生有所幫助。透過奉獻，我們能提高振動頻率，因為我們將心中感受到的美善傳播出去，或是將接收到的福分分享給他人。

我也會鼓勵在場所有人想一想，他們對生命中的哪個人、哪件事覺得感恩。藉著感恩，我們回到了心中，體會滿滿的愛，而你我都知道，愛是振動頻率最高的能量。

宇宙正在呼喚你！

「靈性的成長無關於外在力量有多強大，而是冥想時內心有多喜樂。」

——印度瑜伽行者 尤迦南達（Paramhansa Yogananda）

你是否注意到了徵兆？你是否曾在時鐘、手機、汽車儀表板或在發票上看到一連串重複的數字？像是 1：11、2：22、3：33 的數字組合？我自己很常碰到這些數字，例如我每次開車去加油，加滿油的發票金額都是很漂亮的數字：44.44 英鎊，這種事發生的頻率之高，連我的朋友都覺得有點可怕。我原本以為這些序列是天使捎來的問候，但是近來我發現不只是這樣，這背後其實有一套更大的運作機制。這些重複數字並非巧合，而是來自宇宙的訊息，邀請我們成為創造正向改變的使者，也就是大家所謂的「光行者」（lightworker）。

光行者的使命是為世界創造更多美好。我相信所有光行者在來到地球之前，就已經決定要在這個時間點覺醒，才能導引地球進入新的紀元，成為一個忠厚、和平、充滿神性之愛的世界。

此時此刻，宇宙間也傳來需要的呼聲。原來，在來到地球之前，你也已經做了決定，選擇過著踏實、充滿愛的生活。而你選擇活出更正向的人生，其實是你對宇宙呼喚的回應。

11：11／111

我開始在生活中看到111或是11：11的數字組合時，就知道這**一定**是什麼靈性訊息——我沒有騙你。但是，我花了一些時間才參透其中含意，因為我在網路上搜尋的時候（我遇到不懂的東西都會先上網查），查到非常多種解釋方式。

我記得有一天在我的手機螢幕上看到「11：11」，然後決定開始冥想，感應這串數字背後的訊息。我接收到的訊息非常清楚、明確，而且其實非常簡單。

我內心深處感受到的訊息，並不是什麼新的生命奧義，而是耶穌、創作《瑜伽經》的帕坦伽利（Patanjali），以及歷史上偉大的靈性導師、聖哲都說過的真理。這個已經流傳千古的訊息是：

我們都是一體。

就像我說的，並不是什麼新的道理，但是當你收到11：11的訊息時，就觸及了神性。在那個當下，你與過去、現在及未來的萬物眾生相連結。和神性的振動頻率同調時，務必要將意念聚焦在正向的事物上，想著為世界帶來成長、療癒與滋養。

我們都曾有負面的念頭，也偶爾會感到沮喪，覺得自己與世界格格不入，但這不代表我們很黑暗，是個糟糕的光行者，因為我們在世上的目的就是不斷學習、成長。不過，「11：11」的訊息顯現時，就是來自創生本源、我們靈魂深處，以及天使和宇宙的呼喚，要我們提高能量、揚升振動頻率，沐浴在光芒中，成為世界的引導、領袖與導師。

「我是」

成為光行者，即是回應宇宙對我們真切的呼喚，去看見最真的自我，我們是在一個生命體裡獨一無二的靈魂。當我們接受了被賦予的靈性天賦與使命，便能覺醒，觸發內在潛藏的力量。肯定與擁抱真實的自我，就達到了「我是」（I AM-ness）的境界，也有其他學派將這種狀態稱為「我是臨在」（I AM presence）。

這也不是新的理論，而是傳承千年的智慧之語。在《聖經》裡，耶穌說「我是世界的光」，講的其實就是光行者的本質。

當你讓靈魂覺醒，達到「我是」的境界，你同時也體認到自己屬於更廣大的存在。因此，當你看到 111 或時鐘上的 11：11，請記得這是來自上天的邀請，鼓勵你去了解、接受自己是宇宙萬物的一部分。

在談其他靈性徵兆之前，我們不妨花點時間做下面這個練習，讓自我覺醒，啟動「我是」。

✦ 深呼吸一口氣，接著慢慢吐出，說：

「我即是光。」

✦ 想像自己沐浴在明亮的白色光芒中。

✦ 再深呼吸一口氣，接著慢慢吐出，說：

「*你即是光*。」

✦ 想像每一個地方、每一個人身上都發出光芒。

✦ 再深呼吸一口氣，慢慢吐出，說：

「***我們即是光***。」

✦ 看見自己的光與其他人的光開始合一，融為一體。

我很喜歡做這個練習，非常簡單卻充滿力量。如果你沒有太多時間，又希望提高能量振動、回到真實的自己，你也可以簡單說：「我是、你是、我們是！」

其他徵兆

如果你還沒接收到 11：11 的徵兆，但已經收到來自宇宙的其他訊息，這也很好。又或者，到目前為止你沒有收到任何像是「徵兆」的東西，但內心深處渴望成為更好的人。如果是這樣，你找對書了。

12：34／1234

另一個常出現的組合是依序排列的數字。例如，你可能在 12 點 34 分接到一通電話，或者在某些地方看到這一串數字。

我喜歡把這種徵兆稱為「階梯」，代表往更高的靈性階梯爬升。在這個時刻，宇宙想告訴你：你現在走在對的路上，你的靈性與能量將不斷提升，為世界帶來正向改變。

22：22／222

我對這個組合特別有感觸，因為我經常看到，我最好的朋友泰莉也很常看到。在手機上看到一連串的 2 時，我們都會傳訊息告訴對方，結果三天兩頭就會收到對方的訊息。

兩個 2 面對面排列時，會呈現一個愛心的形狀。我把這個圖案稱為「愛之天鵝」，因為兩個 2 就像一對天鵝游過湖面。看到這個組合時，代表宇宙正在鼓勵你去體會內心深刻的愛。

11：11 代表完整、合一，22：22 則象徵匯聚合一的過程。這串數字是來自宇宙的神性呼喚，邀請你去體會自己的意念和行動如何影響他人。你說的每一句話、做的每一件事、與他人的每一次互動，都在創造改變的波動。看到 22：22 時，便是宇宙邀請你去看見：你是此時此地的光。你的言行舉止，以及心中的意念，對旁人有什麼正向影響呢？點亮內在的光，照亮世界吧！

3：33／333

相傳耶穌在人世間活了三十三年，所以 33 是很吉祥的靈性數字。在命理學上，33也被視為「終極數字」，與揚升大師（ascended master）有密不可分的關係。揚升大師是人類的靈性導師、改變的創造者，祂們曾化身為人在地球上生活，現在則身處宇宙中心（天堂），用祂們的生命經驗引導眾生。

看到3：33或333的組合時，宇宙想傳達的是：你是優秀的領導者，而且歷史上所有領袖、導師都鼓勵著你。

4：44／444

古典命理學認為數字44象徵結構，後來用以代表事業、規畫及穩健的基礎。近年來，愈來愈多人認為44與天使有關。有趣的是，這些天使還真的就把44當作自己的招牌數字。在美國「天使夫人」朵琳·芙秋（Doreen Virtue）的推廣下，44成為標準天使牌卡的張數，而444更被普遍認為是天使降臨的徵兆。自從知道這件事以後，多年來我經常在時鐘上看到14：44，也不時會在早上4點44分醒來，讀到一些有意思的資訊。

當你看到這組數字時，你的天使想要告訴你：祂是最為你瘋狂的死忠粉絲！天使的靈域正在向你靠近，提供你溫暖支持，也提醒你不需要一切都靠自己。敞開心胸領受天使的光，讓自己與生命的頻率同步，感到安適自在。

高頻雜訊

這是我很喜歡的一個徵兆，我把高頻雜訊稱為「降示」(download)，因為我相信這代表我們收到了來自宇宙的神性指引。我們的身與心就像一台巨大的收音機，能夠調整頻率，接收來自天堂、揚升大師與天使的各種訊息。有時我們的頻率沒有完全對準，但仍然能夠接收其他頻道的音訊。聽到高頻雜訊時，表示我們感應到了片段的訊息。

前不久，我到美國的科羅拉多州進行分享，談到自己聽到高頻雜訊的經驗。結果演講結束之後，竟然有五十幾個人跑來找我，說他們聽到這些雜訊已經好幾年了，但今天才知道一切代表什麼意思。

在我寫這個段落之前，我也聽到了高頻雜訊。這種情況發生時，我會放下手邊的事，花一點時間用心感受。我知道自己正在接收來自天使和宇宙的某種指引，或是降示、提升或訊息。接著，我通常會閉上雙眼，深呼吸幾次，然後用我的書《Angel Prayers》裡談到的簡單祈禱，說：「天使，謝謝祢帶來我需要知道的訊息！」即使我沒有聽到其他東西、感應到任何事，我都相信宇宙自然會在對的時候，指引我找到需要的資訊。

下次你聽到高頻雜訊時，別忘了這是來自宇宙的訊息，邀請你提高心靈的振動頻率。

聽見自己的名字

對很多人來說，無緣無故聽到有人叫自己的名字，就像恐怖片一樣可怕，覺得自己可能被孤魂野鬼纏身，但事情不是這樣！當你聽到自己的名字被呼喚，其實是宇宙對你的愛產生回音。所以，與其在心裡糾結萬分，納悶自己是不是幻聽，不如大方地回應：「親愛的宇宙，我聽到你的呼喚了！」

你的名字與振動頻率其實有很大的關係。黛安娜．庫柏（Diana Cooper）是一位天使專家，前陣子，我們在天使世界高峰會開幕前，跟出版社主編一起去吃晚餐，那次的對話非常有意思。我們原本只是在分享生活上的小事，討論最近吃了什麼好料（我最喜歡的主題），後來聊著聊著，我開始用「黛」簡稱她，而不是用她的全名。我解釋說：「黛安娜，不好意思，這是我的老習慣，因為我媽和我的一個好朋友都叫做黛安（Diane）。」

她的回答非常溫暖，卻也充滿力量。她說：「沒關係，我原本也叫作『黛』，但是擁有第一次天使經驗之後，我就變成了黛安娜。」

老實說，我已經猜想到她會如此回答。相信最真的自己，心中帶著愛說出自己的名字，其實總結了我至今為止在靈性之路上學到的一切。要做到這樣的方法很多，例如露易絲．賀分享的自我肯定技巧，或是藉著守護天使的鼓勵，真心接納自我等等。天使喜歡來到我們身邊，唸出我們的名字，所以你才會不時聽到自己的名字被呼喚，那是天使鼓勵你擁抱內在的光，掌握真實的靈性力量。

當你用愛溫柔地說出自己的名字，當你用滿心的愛寫下自己的名字，當你請他人尊重你的名字，便體現了「我是」。

下一步是什麼？

好了，你已經收到了宇宙的訊息，聽到天使的呼喚，也知道冥冥之中有更宏大的一種存在。你受到宇宙的徵召，被指定為改變創造者與人間天使。宇宙邀請你提升自己的能量，以及身旁所有人的能量。你現在讀到這裡，代表你已經回應了宇宙的呼喚，準備好踏上這段靈性旅程。

從這一刻起，你的生活就是大家最嚮往、最棒的生活。又或許，你的生活現在已經很棒了。你可能聽過別人說，跟你相處非常自在，大家覺得你非常可靠，知道他們能在你面前真情流露。也許曾經有跟你不熟或很陌生的人，願意掏心掏肺，跟你分享他們從小到大的故事，甚至吐露沒有勇氣跟別人說的心事。

你的生活是一個模範，因為你由內而外散發的正向，能幫助他人也變得正向。你對生命的熱忱與愛會感染別人，而且從現在起，你內在的光芒會愈來愈明亮、耀眼，在你身邊的所有人、被你吸引而來的人，也會因此開始發光。

為了展開這段旅程，務必向宇宙、天使，以及你的導師清楚表明：你接受成為光行者的使命。不要擔心，你不必因此辭掉工作，開始為宇宙、天使或靈界全年無休地工作。接受使命只是代表你選擇回應宇宙的呼召，你願意為世界的療癒、和平與成長盡一分力，你也願意提高自己的振動頻率。

身體的能量振動

「身後的過去、眼前的未來，與此刻內心的一切相比，都無足輕重。」

——美國思想家 愛默生

身體是靈魂的歸宿、心靈安棲的居所。好好照顧、呵護自己的身體，它才能協助你提升振動頻率。

曾經，我有好多年都沒有注意身體的狀況。我的靈性練習只專注在靈魂與心靈層面。在靈性上，我做的一切都充滿愛與滋養，但同時，我心裡也**清楚知道**，對於我設定的意圖、提升靈性的種種努力，身體並沒有任何反應，完全無動於衷。

也許你和我一樣，已經試過無數種不同的養生飲食法，吃過苦澀的羽衣甘藍，甚至體驗過純素飲食。然而我寫這本書的目的不是教你怎麼吃，而是幫助你找到提高振動頻率的方法，讓全部的你（身、心、靈）散發內在的光芒。首先，讓我跟你分享我的故事。

靈媒飲食法

我十幾歲的時候，就開始幫人做靈性解讀和諮商，常常一做就是做到晚上。解讀對方的能量振動、與靈界連通，不只要耗費許多能量，也會讓我非常興奮、情緒高張。工作結束後，我常會路過速食連鎖店，外帶又油又香的高熱量食物回家，一邊吃，一邊感覺慢慢回到人間。後來，這變成了一種習慣，每當我需要關閉靈性開關、好好睡一覺，或是讓過度激動的心慢下來的時候，我就會買垃圾食物來吃。

我當時以為這是很普通的事。很多我認識或崇拜的靈媒也有生活壞習慣，有些人在深夜吃大餐，讓自己飽到昏昏欲睡；也有人透過抽菸、喝酒喝到茫來切斷靈性連結。但是這種作法很不自然，也讓我感到很頹廢、孤單。

長時間下來，我觀察到自己的身形開始走樣變胖。我陷入了惡性循環，知道這些行為並不是真正的我，也無助於提升我的振動頻率。在接下去之前，我得先說清楚，並不是瘦子的振動頻率就比較高，或靈性連結比較強。我只是想點出，多用心了解身體的感覺、給它營養，能幫助你提高自我覺察力。

其實，當你有了紮實的靈性練習基礎，就有了讓自己寧靜、接地與專注的工具。有了這些工具，自然不需要靠高熱量食物來產生睡意或切掉靈性開關。

有意識的飲食

我開始深入探索靈性的時候，便感覺到成為素食者的必要。許多我讀過的靈性書籍都建議茹素，以便維持較高的振動頻率。

有一本書認為我們吃肉時，也吃下了動物被宰殺時的苦痛與恐懼。我的腦海中因此浮現可怕的畫面，至今仍然揮之不去。

我不認為一定要吃素才能提高振動頻率，但我選擇吃素，也相信吃素對我的靈性之路有幫助。隨著時間下來，我也奉行更嚴格的飲食，例如不吃蛋以外的任何動物製品，而且只選擇在地養雞農生產的有機雞蛋（他養雞只是為了興趣，不為盈利）。我也盡可能避免麩質與小麥製品。

有意識的飲食，代表你知道自己吃下肚的東西，對你、動物（如果你吃肉的話）和土地造成的傷害是最小的。如果你吃葷，那麼有意識的飲食表示選購永續生產的肉品，農場應該以人道友善的方式對待動物，讓牠們能在野外自然活動。

有很多人自稱純素或素食主義者，在飲食上卻毫無覺知，吃下一堆有害身體或環境的食物。有些人為了不殺生，選擇吃純素，腳上卻穿著動物皮革做的涼鞋，或是沒有做好回收塑膠瓶。我們需要更用心、有意識地去做選擇。

有意識的飲食鼓勵你吃天然的原型食物，避免基改食物、罐頭食品或任何過度加工的食品。我建議盡可能採取有機飲食，吃新鮮、在地的食材，選擇會讓身體開心、健康的食物。

記得有一次聽露易絲．賀的教學錄音帶時，她談到身體訊息的基本觀念。她說，你能透過身體的感受，知道自己吃下肚的食物有多少能量。舉例來說，如果你吃了某個東西，結果二十分鐘後覺得身體很沉重，想立刻上床睡覺，就是身體擺明告訴你：它不喜歡剛剛吃的東西。食物是帶有能量的燃料，用來供奉你的身體殿堂。為了照顧身體，也照顧在裡頭棲住的靈魂，務必選擇友善生產、充滿營養的食物。

改變飲食習慣後，吃飯變成了享受，我吃得健康，也吃得開心。我會上餐廳吃好料，也經常外食，但一定會慎選餐廳，評估餐點能否配合我的飲食需求，讓身體感到舒服。很多人都知道我的行事風格，如果我的飲食需求和身體能量系統無法被滿足，我會直接離開餐廳，或婉拒自助餐會，甚至願意放棄整場活動。

前不久我到巴黎的一家餐廳用餐，當下就有想掉頭就走的衝動。那家餐廳提供各種鳥禽料理，包含當天獵殺的野味。這與我的倫理價值觀背道而馳，而且我能選擇的食物只有沙拉和馬鈴薯，雖然都是很健康的食物，但我想吃得營養、滿足，而不是讓自己挨餓。因此，與其保持沉默，不破壞同行友人的興致，我還是選擇對自己誠實，離開了餐廳。

對食物表達祝福與感恩

在進食前祝福你的食物，是提高食物能量的好方法。透過祝福，你啟動了食物蘊藏的重要生命力，讓身體獲得營養與支持。

祝福食物的方法很多，你可以透過觀想，看見食物沐浴在金黃色的光裡，也可以將雙手放在食物正上方，想像雙手發出光芒。或者，你也可以簡單地禱告：

「親愛的宇宙生命力，謝謝你用無條件的愛祝福這一餐，
我願讓它滋養身體的每一個細胞！」

我們家有愛心形狀的盤子，所有餐具上也都印有「Love」的英文字，提醒我們吃飯時要用愛、用心去品嚐。

祝福你的肚子

在靈性道途上，我很快就發現，只要一不注意，就很容易忘記在用餐前祝福食物，也常忘記用心享受食物。在《The Miracle of Mindfulness》一書中，作者越南僧侶一行禪師（Thich Nhat Hanh）指出正念（mindfulness）即是專注於當下，有意識地覺察自己正在做的事。我知道進食時偶爾會心不在焉，常常因為同時在寫 email 或傳簡訊，而忘記自己正在吃東西。

所以，如果我忘了先祝福食物，我會轉換心念，改為祝福肚子裡的食物。也許食物已經被我吃下肚，看不到了，但這不表示我不能提高食物的振動頻率。

- ✦ 祝福肚子裡的食物時，將雙手放在肚子上，閉上眼睛。吸氣時，把氣吸到手放的位置。
- ✦ 呼吸時，想像純淨的神性之光從生命本源（或宇宙）照射到心中，接著從雙臂往下延伸，經過手指，進入肚子裡。

✦接著，你可以說：

「親愛的宇宙，謝謝你祝福了我肚子裡的食物！
身體獲得營養、充滿活力的感覺真好！」

保持身體清爽乾淨

我們在前面提過，身體是靈魂棲居的神聖殿堂，因此要盡量讓身體維持在最高的振動頻率，綻放靈性光芒。為了讓身體運作順暢、淨化內在能量，我通常會定期做以下幾件事。

鹽浴

做海鹽浴真的很舒服。數百年來，海鹽一直被視為神聖的淨化物品，能排除體內的負能量與氣場。我喜歡用喜馬拉雅山粉紅鹽做鹽浴，做完都能感覺煥然一新，神清氣爽。我認為鹽浴能淨化身體的能量系統，讓能量中心（各個脈輪）更清楚地展現。

只要在浴缸裡放入溫水，再加入海鹽或喜馬拉雅山粉紅鹽，就能享受舒緩身心的鹽浴。我通常會再加幾滴喜歡的精油，為自己打造奢華的香氛沐浴體驗。

綠拿鐵

我很愛綠拿鐵，這種飲料作法簡單，又能給身體滿滿營養。用新鮮的有機蔬果打成綠拿鐵，早上喝一杯，就會感覺精神飽滿已準備好迎接新的一天。我認為維持腸道健康非常重要，也注意到喝綠拿鐵能活化我的消化系統，達到淨化、排毒的效果。

跟大家分享我最喜歡的有機綠拿鐵食譜，材料很簡單，包含蘋果、芹菜、羽衣甘藍、小黃瓜、胡蘿蔔、薑、檸檬和螺旋藻。

大腸水療（請先諮詢主治醫生）

說到提高身體的能量，大腸水療應該不是你馬上聯想到的事，對吧？不過，你知道大腸灌洗就是在清除大腸中的有害物嗎？我相信這也能掃除體內不需要的負能量。

我還記得自己第一次做大腸水療的經驗。我沒想到做完之後，身心竟然會感覺如此輕盈、舒暢。水療為我的消化系統排除廢物、清出空間之後，生活好像也開闊許多。我感覺心神更穩定集中，彷彿身體和能量流裡的阻礙物被全部清除。我非常建議一年做一到兩次大腸水療，好好為身體做個大掃除。

瑜伽與運動

瑜伽和各種運動也是提高身體能量的好方法。每個人的經驗也許不同，但自從我開始規律運動，找到讓自己舒服的平衡之後，我從瑜伽教室或健身房離開時，整個人都神采飛揚。那種充滿能量、鬥志高昂、所向無敵的感覺，也會反映在我們散發的振動頻率上。

如果想要追求高振動頻率的生活，務必依照自身需求、身體狀況與體能，養成規律的運動習慣或瑜伽練習。我每天會做阿斯坦加瑜伽，也會定期找健身教練上課，藉此維持健康體態，讓能量保持在高水位。

待辦清單

為了好好照顧身體，提高振動頻率，你可以：

✦ 檢視自己的飲食習慣與營養攝取。你吃的食物是否讓你覺得昏昏欲睡、疲倦不已？你能如何改善現在的飲食習慣？你是否吃太多或吃太少？

✦ 開始祝福每一餐的食物，如果你不小心忘記餐前進行，不妨試試我前面分享的建議，改成「祝福肚子裡的食物」。

✦ 將定期做海鹽浴納入靈性修習的一環，享受振動頻率上升的體驗。

✦ 你試過在家做綠拿鐵或綠色果昔嗎？如果你不知道怎麼開始，可以到附近的生機食品店或果汁店走走，也許會有很棒的靈感！

✦ 如果大腸水療對你的幫助不大，要不要嘗試斷食排毒，重整你的振動頻率呢？我很推薦傑森．維爾（Jason Vale）的果汁排毒斷食法！

✦ 你上次運動是什麼時候呢？運動完感覺如何？找到讓你的心快樂哼唱、身體能量解放的運動，好好享受吧！

如何使用本書

現在，你已經對能量有初步認識，回應了宇宙的徵召，也開始提高振動頻率了，下一步是什麼？

接下來，這本書會透過 111 個不同的靈性練習，幫助你提升能量，維持高頻率振動。每一個練習都很輕鬆，也容易進行。多數練習是你隨時隨地都可以做的，有一些練習則包含瑜伽動作，能夠同時鍛鍊身與心的肌肉，不妨試試看。這 111 個練習分成十大主題，我通常稱為「界域」(sphere)。每一個界域都有自己的代表色、脈輪（能量中心）以及主掌領域，能幫助你強化生活中的特定面向。

隨著你往更高的界域邁進，你也在靈性階梯上不斷爬升，因此愈到後面，練習會愈深入，也更著重於靈性成長。在一次又一次的練習之後，你的靈性能量各個層面都會有所提升，進而整合，最終開啟更高層次的自我。

這 111 個練習的用意，是幫助你建立自己的每日靈性練習，也引導你看見真實的自己。練習的當下，你將注意力拉回到自己身上，再次看見內在的光，並選擇點亮那道光。不管你在哪裡——超市、火車上、辦公室裡——這世界永遠需要那道光。你不需要到寺廟、公園或安靜的地方才能點亮它，你在任何地方都做得到。因此，即使建議是要你找個安靜的角落練習，你也可以不這麼做。你可能會希望找一個安靜的地方，讓自己靜心專注，但沒辦法的話也沒關係。

許多靈性練習也包含冥想。冥想能引導你有意識地覺察內心的狀態與意念，是非常有幫助的技巧。很多人在冥想時沒辦法把腦袋的聲音關掉，因此覺得冥想很困難。不過，我們本來就不可能真的停止思考、心無雜念，這也不是冥想的目的。冥想的重點是**覺察**內心的感受與浮現的意念。與其努力消除心中的雜念，我們要做的應該是後退一步，以旁觀者的角度靜觀內心世界。

如果你曾因為做不到靜心冥想而洩氣，請知道：你撥出時間練習冥想的舉動，已經是值得肯定的轉變。每當你選擇專注於當下、冥想、傾聽內心的聲音，就是一種努力。

也別忘了，你的振動頻率隨時都在改變，但是只要穩定練習，讓能量維持在高水位，保持正向樂觀，並努力讓自己更好，你的生活一定會有顯著的進步。

透過脈輪揚升的靈性之旅

本書的 111 個練習會以脈輪為基礎，帶領你踏上靈性之旅。對脈輪不太熟悉的話也沒關係，讓我先帶你認識各個脈輪，以及脈輪系統的運作方式。

脈輪

脈輪的梵文是「chakra」，意思是輪子，用來指能量匯聚的中心。我們的身體有很多個能量中心，各自掌管身、心、靈的不同層面。在傳統瑜伽理論中，人體有七大脈輪，從脊椎底部往上垂直分布，直到頭頂正上方。七大脈輪包含：

- ✦ ***海底輪（root chakra）***：乘載一切的根本，是最重要的能量中心。海底輪位於脊椎的底部，與安全感與生存能量有關，也反映了雙腿與背部的健康。
- ✦ ***生殖輪（sacral chakra）***：位於恥骨與肚臍之間，掌管生殖系統。生殖輪能量平衡時，我們能安然接受生命的一切，展現豐沛創造力。
- ✦ ***太陽神經叢輪（solar plexus chakra）***：位於腹部中央，是「直覺」的來源，也被稱為身體的大腦。這個脈輪掌管消化系統健康，主要與意志力和實現目標的能力有關。
- ✦ ***心輪（heart chakra）***：位於胸腔正中央，與一個人給予和領受的能力有關。心輪代表愛、樂善好施、能夠與人分享親密體驗，也負責心臟與上呼吸道系統的健康。
- ✦ ***喉輪（throat chakra）***：掌管與人溝通、坦率開放、表達自我的能力。喉輪能幫助我們表達真實的自我，也跟充分表達內心感受很有關係。喉輪負責甲狀腺的健康，對體內荷爾蒙平衡非常重要。
- ✦ ***眉心輪（brow chakra）***：又稱第三眼，是直覺與認知的中樞。眉心輪與我們在物理與非物理層次的感知能力有關，並掌管眼部健康，也有助發展我們的內在之眼。

- ✦ *頂輪 (crown chakra)*：傳統脈輪中最高的一個。有些人說頂輪位於頭頂，有些人說在頭頂正上方。這個能量中心主掌我們的智慧，以及與神性的連結。

在培養靈性的道路上，七大脈輪時時與我們連動，反映我們的進步，也共同體驗一切。在生活中遭遇困難時，相對應的脈輪也可能會失衡。不過，只要每天投入靈性練習，不時關心脈輪的狀態，我們能夠淨化脈輪，讓它們展現健康、平衡的能量。

除了傳統脈輪，很多人現在也會透過新的脈輪，與神性智慧建立更強的連結。有些人認為身體有九個重要脈輪，但是我偏好「十大脈輪系統」(七大脈輪加上三個新脈輪)。我在另一本書《Angel Prayers》裡也有提到這些新脈輪，它們代表了自我的不同面向，能夠透過靈性練習被啟動：

- ✦ ***大地之星脈輪 (Earth star chakra)***：位於腳底下方 15 至 30 公分處，幫助我們與地球及大地之母的智慧連結。透過大地之星脈輪，我們能將自己根植於地球中心，與大地的頻率同調。
- ✦ ***靈魂之星脈輪 (soul star chakra)***：靈魂之星具有立體結構，位於頭頂上方 15 至 30 公分處。我們能藉由它的能量，喚醒深層的靈魂智慧，接收來自天堂的靈感。
- ✦ ***星際之門脈輪 (stellar gateway chakra:)***：這個脈輪非常特

別，因為它代表了我們和宇宙連結的能力，有助我們顯化內心的渴望與夢想。星際之門脈輪位於頭頂上方 30 公分處，形狀就像一個漩渦，能讓我們進入其中，在宇宙的中心漂浮。

開啟脈輪也許是細微、深層的感應，卻可能影響我們的生活。許多靈性教導都提到，外在世界有如一面鏡子，映照出我們內心的世界。脈輪作為個人內在的一部分，如果能用心關照自己的脈輪，我們外在的經驗也會受益。

拙火

人體的脊椎底部蘊藏一股原始的能量，稱為「拙火」（梵文為 kundalini），據說形狀就像一條蜷曲的蛇。在一般人的身體裡，這條能量之蛇大多處於沉睡狀態，等著靈性覺醒的時刻到來。《譚崔》（Tantras，或稱為怛特羅）是某些印度教、佛教與耆那教教派奉行的靈性經典，其中提到一個人開始啟動靈魂與靈性能量系統時，拙火會從原本蜷曲的姿態開始舒展，從體內往上揚升，帶他達到靈性覺悟的終極境界。我們提升能量振動時，其實也是在內心創造空間，讓這股最原始、神聖的力量自在綻放。

中脈

要讓拙火揚升，七大脈輪必須處於開啟狀態，互相連通。這時，我們需要仰賴一個沿著脊椎往上下延伸的能量通道，引導能量流經各個脈輪。這個通道就是「中脈」(Sushumna Nadi)。

能量會沿著脊椎（中脈），從最底部的脈輪開始往上流動。同時，另外兩股生命能量脈，稱為「右脈」(Pingala，又稱陽脈或太陽脈）與「左脈」(Ida，又稱陰脈或月亮脈)，會彼此交錯纏繞。左右兩脈與中脈的每一個交會點，都會產生漩渦狀的能量，進而形成脈輪。這三脈會在頭頂處匯聚合一，讓靈魂本我（soul self）完全展現。

靈性練習與脈輪

現在，就讓我們運用脈輪展開靈性之旅，提升能量振動吧！接下來的靈性練習包含：

✦ ***練習 1 — 10*** 會帶你回歸地球之母的懷抱，尋找接地與安定的力量。這些練習能幫助你開啟海底輪。

✦ ***練習 11 — 20*** 引導你體驗自在流動與表達的美好，幫助你開啟生殖輪，建立能量連結。

✦ ***練習 21 — 30*** 將激勵你點燃鬥志，幫助你駕馭太陽神經叢輪的力量。

✦ ***練習 31 — 40*** 能幫助你在施與受之間達到平衡，讓你的心輪開啟、綻放光芒。

✦ ***練習 41 — 50*** 鼓勵你展現最真實、完整的自我。這些練習能讓你的喉輪發揮最高的潛能。

- ✦ ***練習 51 — 60*** 有助於滋潤內在之眼，喚醒你的第三眼脈輪。
- ✦ ***練習 61 — 70*** 引導你深化與神性的連結，讓頂輪的光芒完全展現。
- ✦ ***練習 71 — 80*** 鼓勵你點亮內在的聖光，知道自己能放心在地球上展現力量。這個階段的重點是讓你的靈性支持力量接地，與大地之星連結。
- ✦ ***練習 81 — 90*** 邀請你運用自身所有靈性力量，顯化你熱愛且值得擁有的人生。你的靈魂之星脈輪將充分開啟，星際之門也會形成能量漩渦，助你實現夢寐以求的生活。
- ✦ ***練習 91 — 100*** 幫助你汲取宇宙蒼穹的力量，獲得各種神性支持。在這個階段，所有脈輪都已排列成一直線，準備帶領你邁向新的靈性發展里程碑。
- ✦ ***練習 101 — 111*** 的重點是啟動所有脈輪。這部分會感覺與前面的練習類似，用意是讓你重溫過去所學的一切，綻放完滿的靈性光芒。

一天一練習

身為以瑜伽為生活之道，以《奇蹟課程》為依歸的人，我相信每天做靈性練習有益身心，能為自己帶來支持與力量，每天以一個練習為主，並在那一天當中不時回顧練習內容。透過這種方式來運用本書，能幫助你體現所學，讓內心的感悟在生活中慢慢發酵。

培養靈性的旅程千萬急不得，所以我建議一天以一個練習為限，重點不是把整本書讀完，而是學習禮讚自己的靈魂。

神諭練習

讀完這本書之後，如果你希望每天都能獲得一些啟發，不妨將本書作為神諭之書。如果你想知道哪一個脈輪特別需要關注，或是想為當天的靈性練習找靈感，你可以直接請宇宙透過這本書引導你，接著憑感覺翻開其中一頁，就能找到那一天的練習，或是宇宙想給你的訊息。

旅程開始前的溫馨提醒

這些小訣竅能讓你的靈性之旅更加順利：

✦ 每天與自己約定一個時間做靈性練習，養成定時練習的習慣。

✦ 如果你出門在外，沒辦法帶上這本書，可以把當天的重點、教導、禱告或肯定語寫在紙上，或用手機拍照，方便自己做靈性練習。

✦ 寫練習日誌記錄成果，並回顧過去領受的各種引導。

✦ 如果可以的話，與朋友、冥想老師，或跟你一起做靈性練習的夥伴分享你的心得。

✦ 保持開放的心胸，勇於接受新體驗，盡量不要對未來有任何預設立場。

接地
EARTHING

◆ 脈輪：海底輪　　◆ 位置：脊椎底部

◆ 顏色：紅　　◆ 元素：地

海底輪的梵文是「Muladhara」，意思是「支撐的根基」，這個靈性能量中心代表我們與地球的連結，以及沉穩踏實的感受。如果以大自然為比喻，海底輪就像孕育種子的土壤，決定了我們能否茁壯、能否站穩腳步及抬頭挺胸面對世界。

與海底輪有關的身體部位包含雙腿、雙腳以及脊柱底部，它支持我們的身體，也是其他脈輪往上流動的根基。

我們也會從海底輪開始打好基本功，讓靈性進一步成長、提高振動頻率。在接下來的練習裡，你會透過言語肯定、姿勢和禱告，再次與地球連結。一般認為，如果你能與當下的位置產生連結，便能讓內在的靈性能量升起，進而提升、強化你和宇宙的連結。

靈性練習 1

你不是自己一個人！

宇宙間的萬事萬物，包含你自己，都是能量組成。因此，在靈性的道途上，你並不是一人獨行。你與現在、過去與未來的一切人事物連結，也與生命的本源相連結，因為它此刻就在你身體的每個角落，與你共同脈動。

你出生的那一刻，就得到了行使自由意志的禮物。雖然當時的你只是個嬰兒，不知自由意志為何物，卻已經能決定什麼時候想吃東西、什麼時候需要人照顧。隨著你長大，你逐漸明白自由意志的意思，成年之後更能善用這股力量。你能決定自己在什麼時候、什麼地方想做什麼事，希望旁邊有哪些人與你一起。你完全是自己的主人。

在尋求支持上，你也能運用自由意志做決定。宇宙讓我們自己選擇如何過一生，它當然樂於提供協助，除非我們主動提出，否則宇宙不會加以干涉。很多人覺得自己一輩子無人關愛、孤苦無依，卻不知道只要心念一轉，一切都會不同。

在地球上，獨立自主是一種優點。能夠把自己顧好，不用請人幫忙，乍聽之下是一件好事。不過，很多人因此覺得開口尋求協助是「軟弱」的表現。在靈性上，我們肯定獨立的好，同時知道還有另一種選擇：「共同創造」(co-creation)。

為了提升振動頻率，摒除讓自己感到孤立無援、處處受限的意念，你必須放下「凡事靠自己」的想法，進入與造物主共同創造的思維空間。(你所見的造物主可能與我不同。造物主可以是「上帝」，或純粹只是「生命」，只要你能夠接受就好。)

今天的練習請你了解，當你走在靈性的道途上，你有造物主、宇宙以及你共創的能量一起同行。知道不需要什麼都只能靠自己，你會感到如釋重負，肩膀忽然輕了許多。此刻，你讓另一股比自己更廣闊的力量，柔柔撐住了你的世界。

✦今日能量頻率✦

這是今天的能量頻率，一切重點在於意圖。要讓意圖在生活中發酵的方法很多，你可以冥想、朗誦、禱告或用舞蹈展現，方法沒有對錯之分，只要意圖對了，能量就對了！

「今天，我選擇放下我對獨立的執著。
我選擇記得在這條路上，我不是自己一個人。
我正在與造物主共同創造我的世界。
天使在我的身邊跳舞。
宇宙萬物都由能量組成，我也不例外，
因此，我選擇讓支持與愛的能量進入我的生命裡。
今天，我選擇和宇宙並肩同行，
知道它支持著我的每一步。」

分享你的能量

「我知道自己受到宇宙滿滿的支持。」

靈性練習 2

這個世界很高興有你！

在成長的路上，總會有一些時刻，讓我們覺得自己很渺小。一部分的我們也因此變得謙卑，舉例來說，不小心撞到人的時候，我們會說「對不起」。雖然很有禮貌，不過你是否曾感覺，自己好像常把「對不起」掛在嘴邊？如果你的答案是肯定的，就要去聆聽內心的聲音，了解發生了什麼事。說對不起，是因為希望自己的存在被原諒嗎？你覺得自己有權利活在世界上嗎？

你是這個世界不可或缺的一份子，請務必明白這件事。不只如此，你更應該以這件事**為傲**。你有存在這裡的神聖權利，宇宙也很感謝有你存在。

是不是很少有人對你這麼說過？你是否覺得自己很不中用，為旁人製造了很多問題、惹出很多麻煩？如果是的話，你內在批判的聲音很可能比實際情況還要嚴厲十倍。

今天，為了提高振動頻率，請你明白自己有存在的權利，知道你是地球上的美好存在。你在這裡、在地球上，已經是一份珍貴的禮物，而你帶來的任何事物，都是附加的好處。

你不需要為自己的存在找原因，也不必為了證明自己值得活，就拚了命地努力。那只是你的小我（ego，即虛假的自我，在佛教中稱「我執」）在對你灌迷湯而已。

你此刻的存在，就是給世界的一份禮物。相信這件事吧！

今日能量頻率

「我有權利存在地球上。
我選擇放下心中執念，我不需要證明自己值得存在。
我存在，便已完滿了我的使命；其他一切都是額外的好處。
知道自己是偉大宇宙中的一部分，感覺真好。
我明白自己擁有活著的神性權利，
而擁有這份禮物，我是如此感謝。」

分享你的能量

「能身在地球上，我非常感謝！」

靈性練習 3

當下就是生命最好的禮物！

「當下」就是最有力量的生命空間。活在當下的你，也是最有力量的自己。雖然如此，很多時候我們不是忙著回想過去，就是盤算未來，想著下一步怎麼走。

今天的練習重點是回到當下。請你花點時間，觀想自己頭上有一道美麗的金色光芒，它慢慢移動到你的指尖、來到你的腳趾。這道光流遍你的全身，觸碰了每一吋皮膚，經過維持生命的重要器官，蔓延到你呼吸的空氣裡。它將金色的能量帶到你的肺部，跟著你的血液將喜悅散播到身體的每個角落。

你想像的光即是生命本身，本質是純然的愛。其實在精微的能量層級，這道光此時也在每個人的身上流動，只是我們忙於生活，忽略了自己和宇宙的美好連結。

當你選擇想起這道光，開始放慢呼吸，覺察自己也是光，你就發現了生命的禮物。當你找到生命的禮物，你也將振動頻率提升到極高的層次，甚至能在他人心中觸發光芒。

放心擁抱奇蹟與生命的禮物，不用擔心搶走別人的光彩。而且，當你看見宇宙的美好、接受它的支持，並為此懷抱感謝，你其實在告訴大家：每個人都能感覺受到支持。

今天，讓我們一起提高振動頻率。請你了解到，提高能量振動不只是給自己的禮物，也是你能透過簡單的微笑，送給他人的禮物。

✦今日能量頻率✦

「我選擇自在地呼吸，知道此時此刻，生命與我同在。
知道我與生命的臨在連結，讓我感到安心、充滿力量。
今天，我透過微笑，將當下的生命禮物分享給身旁的人。
我綻放笑容，知道生命此刻也對我微笑，更透過我向世界微笑。
我的存在即是一份禮物。」

分享你的能量

「我透過微笑，將當下的生命禮物分享給身旁的人。」

靈性練習 4

你很安全

安全感對於提高振動頻率非常重要。提升正向頻率的準備工作是敞開內心，而要敞開心胸，就得在心中創造一個讓自己覺得安全的空間。

我與很多人一樣，也曾遭遇脆弱無助的時刻，我知道那種不好受的感覺。念中學的時候，有一晚我從朋友家離開，在回家的路上被一群小混混追趕，後來整個青少年時期都在緊張焦慮中度過。那天晚上，我一如往常，走習慣的路回家，結果巷口突然出現一幫混混，一看到我就朝我直直走來。我聽到他們挑釁地叫喊，感覺到他們身上的凶狠能量。身體出於本能想要逃跑，因此大腦還來不及反應，腎上腺素已經讓我拔腿狂奔。我邊跑邊回頭看，發現他們也跑了起來，窮追不捨。我跑到我住的公寓大樓，通過門禁系統進到社區裡，才敢喘一口氣，覺得終於安全了，但是他們沒有放棄，竟然一路追到門口，還想把門踹開。

那次事件對青少年時期的我造成巨大陰影，後來一個人走在路上時，我總是緊張兮兮、提心吊膽。長大之後，我發現內心的想法助長了這股焦慮。我一直覺得自己會被陌生人襲擊，這種念頭在腦海裡徘徊不去。我相信這解釋了為什麼我的成長過程中常碰到這種事。

另一方面，被少年惡棍追趕的遭遇也可以是一種比喻。什麼意思呢？這些混混就像我心中的恐懼。我愈想死命逃離，愈擺脫不了，因為這些恐懼會一直存在心中。如果我給它們影響我的權利，它們當然會緊咬著我不放。

所以，如果要進入安全的空間，我們都必須坦誠面對內心的恐懼，說白了就是要把它們「揪出來」，好好張大眼睛，看清它們的真實樣貌。

恐懼並不是真的，而是我們的想像力或過往記憶虛構出來的產物，在心裡一次又一次上演。恐懼讓人感到無助，但是我們也能藉由恐懼的感受，帶自己進入無懼的空間。

我發現克服內心恐懼的良方，就是相信自己永遠不會真的受傷。我們內在有一道神聖的光，也就是靈魂。這一部分的我們會恆久存在，不可能受到任何傷害、破壞或污損。

當我們相信自己無堅不摧、永遠不會受傷，內心便感到安全、踏實，這份安全感也會在生命經驗中顯化。

✦ 今日能量頻率 ✦

「世界上最安全的地方，莫過於我的身體。

我的身體是我靈魂的歸宿。

我的外在是我內在的投影。

我的靈魂代表真實不虛的我，

沒有什麼能傷害、污損或破壞我的靈魂。

我的靈魂已經療癒，完整合一。

今天，我找到了安全感，因為我靈魂的光在保護的聖光中閃耀。

我是如此安全！」

分享你的能量

「我在身體裡得到安全感，因為它是我靈魂的歸宿。」

靈性練習 5

感謝大地之母！

我第一部車的保險桿上有一張貼紙，寫著「地球是我們的母親，好好善待她。」

地球是多麼美妙的地方，我們能生在地球上，感受生命的一切，實在值得感恩。這顆星球今天面臨的問題，跟大自然無關，與我們人類則有很大的關係。每天踏上瑜伽墊的時候，我喜歡向地球表達感謝，感應大地之母的能量頻率。

當我們提升自己的振動頻率，也幫忙提升了地球的頻率。我們在靈性上愈敏銳，就愈能感知地球、愛護地球上的一切。

缺乏公德心的行為，例如亂丟垃圾、沒有做好垃圾分類，反映的是內心紛擾不定。如果我們能關心環境、守護自然母親，對她表達感謝，盡力打造乾淨的家園，我們也能淨化地球的靈性能量，為神性的光創造更多空間。

在培養靈性的旅程上，不時問問自己：你能做些什麼來幫助地球母親？你能不能餵養她的鳥兒？到公園、海灘或山林裡協助撿拾垃圾？能不能少用一些塑膠製品，或是確實做好垃圾分類？這些行為能培養你對周遭環境的觀察力，同時幫助你淨化自己的內在世界。

✦ 今日能量頻率 ✦

今天的練習請你向大地之母表示感謝。怎麼做呢？我想分享自己表達感謝時常做的瑜伽姿勢。任何人都可以做這個動作，我也真心相信它能幫助我與偉大的地球母親合一。這個瑜伽姿勢是「嬰兒式」(Balasana)，你可以在家裡，或是到戶外找一個你喜歡的地方練習。

✦ 跪在地上，雙腿約與臀部同寬（或是和你的瑜伽墊一樣寬），雙腳大拇指併攏。

✦ 身體往前彎，讓額頭貼地，雙手向前延伸碰地。

✦ 掌心往下壓，手指盡可能伸展張開。

✦ 每一次吐氣時，屁股都往腳跟方向下沉一些，讓脊椎得到伸展放鬆。

嬰兒式（Balasana）

你可以用以下的禱告，或念誦自己的禱告：

「親愛的地球母親，

我是妳的孩子。謝謝妳與我們同在。能成為地球的一份子真好。

無論妳未來將如何演變，從今天起，我發誓要全力以赴，

成為妳最好的幫手。我知道我將與妳一同成長、蛻變。

感謝妳賜予我生命中的一切。我覺得非常感恩。」

分享你的能量

「今天，我選擇感謝地球，因為她是我們敬愛的母親！」

靈性練習 6

富足是一種心態

今天，請你看見生命中的豐盛——其中也包含無形的財富。我們習慣用自己的物質生活、牆上的證書數量，來衡量自己多有錢、成就多高。但是，這麼做就形同將身外之物與內在的價值畫上等號，我們也可能永遠都覺得自己不夠好，永遠不會有滿足的一天。

宇宙完全不會幫我們打分數。因為對它來說，每個人都是完美的，我們身上帶著完美的璀璨光芒，都是神性之愛的一部分。

你也許不覺得自己很完美、很富有，但是你其實比自己想的還要富足。你身旁有什麼值得感恩的事物？生命中有哪些福分與恩典？

你在地球上「擁有」的一切，只是一種外部投射，反映出你內心感覺多富足。內心感覺貧窮，便永遠無法享有富足，因此好好調整心態，再次感受豐盛吧！

富足是一種心態。今天，請你感謝生命中那些美好的人、事、物，感謝自己享有的恩賜，讓靈魂感覺富足完滿。

今日能量頻率

花一點時間，想想生命中值得感恩的事，然後說：

「我很感謝能在這裡，也感謝自己是世界上一道璀璨的光芒。

今天，我了解到我的生命是如此豐盛、如此完滿。

我感到富有，因為我是一個被聖光充滿的靈魂。

我讓這道光照亮我的一天、照亮我的一生。

能擁有這麼多、受到如此眷顧，真是太好了。」

分享你的能量

「內心多富有，外在世界就多富足。

此刻，我的世界充滿各種豐盛。」

靈性練習 7

親愛的，良善的你最棒！

靈性領域的吸引力法則非常簡單：心想事成。內心信以為真的事，必然會在生命中發生。我們必須不時提醒自己這個古老又神聖的真理，才能培養對自身**有益**，而非有礙的正向心態。

你的內心對話，與你的信念和感受世界的方式有很大的關係。你內心的聲音通常是帶著愛與關懷的嗎？還是經常充斥各種擔憂或恐懼？感到恐懼並沒有關係，但是不要忘記，你的自然狀態、你最美好的一面，是愛。

為了禮讚在你內心某處，那充滿愛的自然狀態，今天的練習鼓勵你善待自己，與自我溫柔地對話。照鏡子時，你看待自己的方式、對自己說話的語氣，和你對自己的認知有關。因此，今天請你站到鏡子前，觀察眼前發生的一切。你是否立刻開始批評眼前的不完美，挑剔你的真實樣貌？你能如何改變內在的聲音，更溫柔地對待自己？如何對自己更包容、更慈悲？

你現在已經知道，身體是靈魂的歸宿，是守護你神性聖光的殿堂。既然如此，我們是不是應該尊重自己，用更慈悲的語氣對自己說話？

當你開始溫柔地對自己說話，卻發現小我（內心批判的聲音）跳出來反駁，記得也溫柔地回應。你可以說：「謝謝你告訴我，但是今天我選擇善待自己。」

當你願意疼惜自己，能量之門也因此打開，能接受來自四面八方的愛與關懷。你能更體貼你愛的人，他們也會更體貼你。對自己溫柔，便是祈願世界也充滿溫柔。你的舉動也樹立了模範，啟發身旁的人，以及未來的世世代代。

今日能量頻率

「今天，我選擇善待自己。
今天，我選擇看見我的靈魂。
今天，我知道自己的自然狀態是美善的。
我讓所有不是事實的想法與批評散去。
我的溫柔是一份祝禱，為自己與他人心中的神性祈福。
我願讓溫柔在我生命的每個角落綻放。」

分享你的能量

「我對自己的溫柔是給眾人的祝福，
也證明了我們每個人心中自然存在的美善。」

靈性練習 8

靜下心來，和宇宙互相配合

我們很容易因為生活中的不如意，就覺得老天與自己作對，但事情不是這樣！宇宙一直都順著你的自由意志運作，它希望你擁有快樂、豐盛與完滿。宇宙對你的愛，已經不是言語能形容，所以，放寬心讓宇宙支持你吧！

今天的練習邀請你靜下心來，和宇宙互相配合。如果事情發展不如預期，要知道宇宙有更偉大的計畫。與其焦慮害怕，覺得「天要塌下來了」，不如保持冷靜，沉著以對。別忘了，你的身體裡與四周都有能量在流動，會回應你的每一個念頭、情緒與意圖。如果你認為宇宙喜歡與你唱反調，相信自己被某種業障纏身，這些念頭很可能會影響你的未來。

所以，在今天的練習中，選擇去了解你內在的光一直支持著你、守護著你、引導著你。深呼吸，相信當你和宇宙合作時，宇宙也會與你合作；你們是一個團隊。請知道宇宙是你的超級粉絲、你最棒的靠山，也是你靈魂的粉絲團。

✦ 今日能量頻率 ✦

「宇宙是我最棒的靠山。
今天，我選擇靜下心來，和宇宙互相配合。
創造我的力量一直都在幫助我。
我對此了然於心，也深信不疑。」

☾ 分享你的能量 ☽

「宇宙是我靈魂最棒的粉絲團！」

靈性練習 9

啟動你的海底輪！

你的海底輪（Muladhara）位在脊椎底部，是身體七大能量中心之一，代表穩定、安全感，與地球和所愛的人的連結，以及堅韌的生命力。海底輪的代表色是紅色，這也是象徵專注與力量的顏色。

脈輪構成了一個人的靈性身體，決定了我們體現神性的進程。脈輪能量平衡時，我們會與自我、與內在指引有更深的連結。如果海底輪過度活躍，我們可能會太過著迷於現實世界的一切，過度依賴特定的人、事、物來讓自己快樂。知道什麼能療癒自己當然很好，但是當我們過度依戀某物或某個特定對象，就會失去內在的力量。

海底輪也可能會能量不足。這種狀況很容易發生，尤其是背負太多人的期望，或是生活充滿壓力的時候。我們可能因此對生活不滿足，覺得資源有限，無法人人享有，甚至感到惶恐不安。在生理上，海底輪能量耗盡時，我們可能會有嚴重的下背問題，或是面臨重大的財務危機。

隨時注意海底輪的健康，在需要的時候提高它的能量，對自己會有很大的幫助。不妨試試看以下的觀想練習。

✦ 今日能量頻率 ✦

✦ 右手疊在左手上，雙手平放在恥骨（位於骨盆腔底部）下方，深呼吸，想像將空氣帶到手的位置。

✦ 想像一道柔和的紅光，從你脊椎末端的尾骨向外發散，在你的手心處迴旋發光。然後說：

「我與自己和平共處。我與身體和平共處。我與地球和平共處。
我在我的靈魂中找到安全。我在我的力量中找到無限。
我深深紮根於大地。
我完全明白，我需要的一切都在我心中。
與自我連結是我的靈性權利。
我已然接地，我完整合一，我獲得解脫。」

✦ 照著讓自己舒服的步調，繼續呼吸或冥想。

分享你的能量

「我與內在的力量緊密連結。」

靈性練習 10

愁眉苦臉 No，快樂微笑 Yes ！

你在這個世界上做的每一件事，都會產生相對應的能量，像漣漪一樣往外擴散。當你慈悲待人會感到快樂與平靜，這股能量也會觸及你遇見的每個人。你與世界分享的美善，最終也會回到你身上。

大家都說「種什麼因，得什麼果。」很多人遇到衰事，尤其是碰到難搞的人時，常會自我調侃，說自己「業障重」，不過這不是業的本意。代表因果法則的「業力」（karma），其實是一種靈性指引，用意是鼓勵人行善積德。

當你善待他人，就是在善待自己。當你專注在讓自己快樂的事情上，感覺就好像心門完全敞開，你進入了心中一個充滿愛的空間。感受到這種愛的當下，你也邀請了身旁所有人一起體驗這個空間。所以，每當你感覺幸福快樂，就是在心裡創造出空間，讓其他人也感受到這份快樂。你的幸福，便是療癒世界的能量。

今天的練習鼓勵你發掘生活中的「小確幸」。當你感到快樂，便將振動頻率提升到神性的高度，也讓別人能提高他們的振動頻率。快樂是會傳染的，想一想，看到一個人面露微笑的時候，你是不是也忍不住嘴角上揚呢？

今天的練習請你多微笑，將喜悅的禮物分享給身旁每個人。不管你今天到了哪裡，試著觀察四周，發掘生活中簡單的幸福。

今天，請你體認到快樂是一份禮物，只要願意接受，你隨時都能享受快樂。

今日能量頻率

「快樂是一份禮物。
能夠滿心歡喜的我是如此幸運。
我與世界分享的每一個微笑，都在分享喜悅的禮物。
今天，我看見生活中值得感恩的美好。」

分享你的能量

「我的快樂是療癒世界的能量。」

流　動

FLOW

◆ 脈輪：生殖輪　◆ 位置：生殖器與恥骨之間
◆ 顏色：橘　◆ 元素：水

生殖輪的梵文是「Svadhisthana」，意思是「自我的居所」。這個靈性能量中心掌管各種創造力，其中包含在地球上創造生命。如果以自然界的元素比喻，生殖輪就像滋潤土壤的水，讓種子能發芽茁壯。

生殖輪主導我們的生殖系統，以及在地球上孕育生命的能力，相關的身體部位包含生殖器與下腹部。

從現在開始，你將與自身世界的流合一，與水之元素連結，並創造出內在空間，來禮讚自我更神聖的部分。透過接下來的練習，你將深入探索內心情感與創造力，並好好感謝性器官賦予你的生命能量。

靈性練習 11

對私密處說愛，讚美你的神聖感官

生殖輪是掌管生殖器官的神聖殿堂，因此代表了創造、創生的能力。除了藉由生殖輪創造生命，我們還能創造什麼呢？

為了提升今天的振動頻率，請你練習用充滿愛的眼光，好好看一看自己的生殖器（是的，就是你的性器官）。很多人覺得談論性器官是羞恥、低俗的，在這種觀念的渲染下，我們對生殖器官缺乏應有的愛與歸屬感，實在非常可惜。從現在開始，讓我們慢慢找回與身體的親密。這些部位是多麼美妙，讓我們能創造新生命，與伴侶享受歡愉的性愛。它們是神聖、神性的存在；對宇宙而言，生殖器就是人類創生、繁衍的源頭。

今天的練習鼓勵你對自己的性器官表達滿心的愛，感謝它們在你的生命中扮演如此神聖的角色。

生殖輪是人體孕育生命的神聖泉源，當你肯定它的美麗美好，便與內在的創造力緊密相連，讓這股能量為你顯化更多美善！

✦ 今日能量頻率 ✦

✦ 睜開或閉上雙眼都可以，想像有一道夢幻、美麗的光，像河流一樣從你的心窩，慢慢往下流瀉到你的生殖器官。想像它們沐浴在金色的光芒裡，浸潤在無條件的愛中。

✦ 接著，對生殖器官表達感謝，謝謝它們扮演如此特別的角色，然後說：

「今天，我頌揚身體的神聖。
我的性器官是一份禮物，我感謝它們的存在。
今天，我的內在充滿了創生之光。
我讓自己自由地流動，展現真實的自我。」

分享你的能量

「我歌頌神聖的自我，跟著生命自由流動。」

靈性練習 12

體現你的身體！

你是否注意到，「忙碌」已經變成一種常態，「不忙」反而奇怪呢？很多人每天東奔西跑、行程滿檔，久而久之，也習慣了一刻不得閒的生活步調。

忙碌並沒有關係，但是事情太多，忙得暈頭轉向時，我們常會忘記照顧自己，也可能忽略了身體和心靈發出的訊息。

你是不是讓自己「忙碌成癮」了呢？是否覺得閒下來就渾身不對勁？如果你點頭如搗蒜，請用這個機會做出改變吧！

你是否有過這種經驗：連續忙了好幾個月後，終於可以放連假，或是難得請假一天的時候，自己卻生病了？這就是你的身體提出嚴正抗議，讓你不得不放下工作，好好花時間和自己相處。

當你把重心放回自己的身體上，你也回歸自己最靈敏的指引系統。當你願意善待自己，花時間傾聽內在的聲音，就會聽見身體想傳達的訊息。如果你願意定期關心自己的身體，它就不會採取激烈的措施來吸引你的注意。

今天的練習鼓勵你把注意力放回自己身上。花點時間感謝身體的陪伴，感謝它與你分享的訊息。你的身體只想要感覺開心、健康；如果你用心仔細聆聽，它會告訴你如何照顧它。

你甚至可以問身體想不想要某種食物或飲料。只要閉上雙眼，專注在呼吸上，想著特定的食物或飲料，然後問：「這是你今天想要的嗎？」或是「這個適合今天的你嗎？」你會感應到一股直覺，清楚告訴你「是」或「不是」。

當你愈能覺察身體的自然節奏與訊息，就愈能透過身體「體現」靈性。這種對更深刻的覺知也能幫助你提升振動頻率。

身體是你靈魂的歸宿。好好聆聽身體的聲音，了解它在靈性道途上能給你什麼樣的支持。

✦ 今日能量頻率 ✦

✦ 閉上眼睛，反覆做幾次深呼吸，專注感受身體的狀態，感覺吸與吐的自然流動。

✦ 憑藉直覺，將雙手放在你覺得需要照顧，或需要更多能量的身體部位。

✦ 深呼吸一口氣，將空氣帶到雙手的位置，讓呼吸將額外的生命能量帶到這個部位。

✦ 靜心聆聽身體想告訴你的訊息，覺察它傳遞給你的自然跡象、線索與訊息。

✦ 準備好的時候，在心中設定意圖，說：

「今天，我選擇在身體裡找回重心。
能與身體連結，感受它自然傳遞的訊息，感覺真好。
今天，我的每個細胞都受到祝福，因為我觸及了更深層的自我。
我多麼感謝能夠與身體對話，給它需要的照顧與關愛。
我的每一次呼吸，都是給自己最完滿的能量修復。
我與真實的自我連結、合一，我的身體即是真我。」

分享你的能量

「我的身體總會告訴我它的需要。」

靈性練習 13

情感豐富是特別的天賦！

當今社會通常不鼓勵我們表達情感，這點從父母與孩子的互動就能看出來。小朋友跌倒或受傷，一臉準備哭出來時，父母通常會幫孩子輕吹傷口或摸摸瘀青，一邊「呼呼」，一邊說「噓——沒事沒事。」有些父母甚至會說「好了，別哭了。」

你的父母會流露情緒嗎？你是否看過你的媽媽流淚？還是她會隱忍不開心，只用一句「我沒事」輕描淡寫地帶過？你的爸爸是否不太表露情感，不苟言笑？大部分的父母都是如此。我們從很小的時候就被教導，帶有感情、表達情緒是錯的。

然而，情緒是生命的禮物，是來自身體和心靈的訊息，告訴我們眼前之事很重要。忽視自己的情緒，等於忽視了內在指引。

當你提高了振動頻率，你會開始相信自己的情緒，也更能清楚感受宇宙帶給你的靈感訊息。

今天的練習鼓勵你體察內心的情緒。你感覺到什麼情緒？想怎麼表達這些情緒？

當你允許自己充分表露情感，也就伸長了直覺天線，能接收到更多宇宙給你的靈性訊息。

真摯的情感是很動人的，放心流露情感吧！

今日能量頻率

「情緒是我靈魂的信差。

我可以放心感受情緒。

當我誠實面對心中感受，我也敞開了心房，聽見靈魂的聲音。

情緒是我的直覺在對我說話。

今天，我看見了自己的情緒，讓它們在我身上自由流動、展現。

我可以安心表露情感。」

分享你的能量

「我的情緒是靈魂的信差。我完全接受我的情緒。」

靈性練習 14

不管別人怎麼說，擇你所愛就對了！

我們能活在這個世界上真的很幸福，因為人生有無限多的學習與成長機會。這個世界的美好之處，在於我們都是獨一無二的，有各自的興趣與喜好、自己熱衷的事物。

熱情是在每個人身上流動的一股自然能量。藉著熱情，我們能表達最真的自我，與世界分享我們的天賦、才華與創造力。

熱情可以跟工作相關，或是自己的業餘嗜好。在前面的章節，我提到自己很愛做瑜伽，也很愛玩單板滑雪，這兩種活動總能給我好心情。滑雪或做瑜伽時，內心感覺到的興奮、滿足，能趕走所有匱乏或侷限的意念，讓我覺得完滿、受到支持。

靈魂是我們最真實的型態，它存在的地方永遠充滿支持、豐盛與圓滿。當我們投入自己所愛的事，就是讓豐盛進入身體與心裡，我們能透過身體實際感受到豐盛。

你的熱情在哪裡？你喜歡做什麼？當你選擇做自己喜歡的事，你能完全展現自我，與你的靈魂合一。

你的熱情也是富足的來源。當你不再執著於自己「應該」做的事，而是跟著內心的直覺，做「感覺對」的事，心裡的各種束縛、枷鎖都會消失。當你的心被無比的快樂、深刻的愛填滿，你的能量振動會提升至高點，讓你觸及無限的可能，你的新頻率也會帶給你無盡的支持與力量。我的朋友，如果你相信自己有能力創造更美好的生活，現在就是最好的時機。跟著心中的熱情一起脈動，能帶你前往宇宙的中心，顯化你夢想的生活。

✦ 今日能量頻率 ✦

✦ 今天，請你花點時間做自己喜歡的事，即使只有十分鐘也沒關係。如果真的抽不出時間，你可以在心中**觀想**自己喜歡的事。做這個練習時，不應該懷有期待或感到壓力，因此建議你選擇和工作無關的一件事。

✦ 當你投入（或觀想）自己熱愛的事情時，專注感受內心的興奮、激動。享受過程中的每一刻，盡情揮灑自我。

✦ 接下來，如果你有想追求的目標，或是希望在生命中顯化某個事物，請在心中想著它，然後說：

「能夠做自己喜歡的事真好。
感受心中的熱情時，我無拘無束，充滿無限潛力。
我的熱情是豐盛的象徵，感覺豐盛是多麼美好！
我進入了無限的空間，身旁環繞著各種可能。
讓生活多一點自己喜歡的事真好！
一切本應如此！」

分享你的能量

「感受心中的熱情，便是擁抱生命的豐盛。」

靈性練習 15

用真心，經營好關係

開始提升振動頻率後，你會更認識自己，更清楚自己的天賦，以及想追求的人生。你也能因此釐清自己想要的人際關係。

你愈往深層的靈性探尋，就愈需要真誠的關係。請記得，靈性上沒有所謂「錯誤的」關係。你在人生路上遇到的每個人，都是幫助你與神性連結的契機。

如果你和有些人的頻率就是對不起來，當然沒有關係，不必因為你們價值觀不同而覺得不好意思。在靈性的圈子裡，如果有兩個人意見不合，其中一個人常會嘲諷地說：「你不是應該很有靈性嗎？」不過，我們要知道，即使無法和別人達成共識，自己（或對方）的靈性也不會有所增減。

當你發現某一段關係不再適合自己，不想再與對方有交集的時候，你就是在傾聽自己的靈魂。當你決定放下這段關係，便是體現了神性的指引。

與其感到被利用或傷害，不妨誠實面對自己與對方。當你選擇誠實，你就從肩膀上卸下了世界的重擔，也給了對方自由的禮物。

準備好割捨某段關係的時候，請找一個最能表達慈悲與感謝的方法，來為關係畫下句點。送上愛與祝福，感謝對方陪你走了這段路。接著，想像自己斬斷一切恐懼與限制，斬斷所有緊勒著彼此的繩索。

你先要對自己誠實，才能更與生命之流同步，獲得讓人幸福、滿足的關係。問問自己：你在關係裡尋找什麼？如果你準備好尋找自己的同類，或是和有類似背景的人交朋友，想想看你能如何培養這份關係。如果你有很熱衷的嗜好，希望有朋友一同參與，是不是能加入相關的同好社，秉持開放的心胸交朋友？你能不能將心中的意念發送給宇宙？想像自己身旁圍繞著一群人，他們都與你個性相近、善良體貼，就像你一樣。

對你喜歡的關係表達感謝，告訴對方你在他們身上看到的優點。透過詢問，了解自己能給予什麼樣的支持，並發自內心感謝與他們之間真誠、正向的互動。

✦ 今日能量頻率 ✦

今天的練習鼓勵你看見人際關係中的真誠，對身旁的人，以及你們共享的美好時光表達感謝。

如果某段重要的關係此刻遭遇瓶頸，記得專注在它帶來的美好，而不是放大不好的地方，才能提高振動頻率，繼續前進。

✦ 閉上眼睛，想想生命中曾經有過的關係。

✦ 對親密的關係表達感謝，專注想像這些關係受到祝福，被純然的快樂填滿，然後說：

「我生命中的所有關係都是真誠的。
我感謝所有愛我的人。
知道自己能坦然面對所有關係，
知道我在支持與被支持之間找到完美平衡，真是太好了。
我的每一段關係都受到神性的指引與照顧。
今天，我看見了自己與他人內在的神性。」

分享你的能量

「每一段關係都是感受神性的契機。」

靈性練習 16

失敗只是一種感覺，你永遠不會失敗！

沒有人喜歡聽到「失敗」兩個字。大家都害怕失敗，也想避免失敗。不過，失敗其實是外在世界製造出來的假象，我們能選擇要不要困在這個假象裡。

在靈性法則裡，我們永遠不會真的失敗。我們的能量是無限的，因為宇宙無限，而**我們即是宇宙**。

今天，你將打破對失敗的舊有觀念，克服失敗的束縛，從此獲得解脫。

失敗是一種侷限性的意念，如果不想再與失敗糾纏，必須先了解失敗是怎麼來的。所謂的失敗，其實是一個人對於事情結果的看法。當我們說某件事「失敗」或是「我好失敗」，我們指的是事情發展沒有照著計畫走，結果不如預期。

如果我告訴你，「失敗」的意思，只是宇宙為你安排了另一個計畫呢？有沒有可能，一件事出了差錯的時候，背後其實有更深刻的玄機？也許因為失敗，你得到了更好的機會，如果事情依照計畫順利進行，你反而會錯失良機。

今天的練習鼓勵你放下心中的期待。你知道嗎？你其實沒辦法讓宇宙失望，因為宇宙一開始就沒有對你加諸任何期望。請你體認到，失敗只是一種感受，只是你接受事情發展不如預期，但不代表情況永遠不會變好。

只有想要控制一切的人，才會體驗到失敗。所以，你要先放下控制的念頭，才能從失敗的想法中解脫。

請你了解到，無論你心裡在想什麼，是正面或負面，你都在對它傳遞能量。如果你害怕失敗，就是在為自己的失敗鋪路。如果你將自己交給宇宙、交給至善的力量，就是在準備感受至善的美好。

計畫出了差錯，表示宇宙為你做了更好的安排，就只是這樣而已。宇宙希望你明白，你的美好從來不是由世俗的成就定義；宇宙希望你相信，它一直眷顧著你，為你的幸福著想。

今天，請你提醒自己：在人生的路上，你永遠不會走偏，每一步都是成長。你永遠都能活出最真的自己，而生命中的每個經驗，都會在剛好的時刻來到，都是讓你更認識自己的機會。

今日能量頻率

「今天，我了解到我的價值，並非由世俗的經驗或成就決定。
我即是神性的體現，這是我的唯一真理。
因為我是神性的體現，我的存在也是無條件的愛。
我明白自己做什麼事都全力以赴。
我肯定自己、肯定這趟旅程。我知道自己一路走來的努力，
此刻正在享受人生的美好光景。
今天，我知道我沒有迷失方向，因為我找到了自己。」

分享你的能量

「我的價值並非由世俗經驗或成就決定，

因為愛沒有辦法衡量。」

靈性練習 17

接受自己是個超棒的人

如果想活出快意人生、擁抱真實的自我，你需要接受自己是個很棒的人。光是你在這裡、在地球上這件事，就已經很了不起了，但是這還不夠。你真的要好好告訴自己：我是一個會走路、會說話的奇蹟！

你是在生命體裡的靈魂，蘊藏無限的潛能。你是一個無限的存在，卻身處充滿限制的世界。這可怎麼辦？

要知道，當你覺得碰到瓶頸，對某個人（或自己）感到洩氣或惱怒時，你並不是在幫助自己。當你抱著悔恨過日子，常常心裡想的都是「早知道」、「我本來可以」、「當時真應該」，你就限制了自己的人生體驗。不斷回想過去的最後，你也只是改寫了自己的歷史記憶，而不是繼續前進。每當你覺得老天爺與自己過不去的時候，一定要記得：**你是一個充滿無限可能的存在**。

你真實的自我（true self）不帶一絲殘忍，總是受到療癒、完整無缺的。小我則是眼光短淺、詭計多端的心，只有它會要你阻礙自己、傷害別人，讓你搬石頭砸自己的腳。

在靈性上，「接受」即是承認真實的自我。當你決定放下恐懼，跟隨愛的引導，便是做到了接受。當你接受了自己，指責、批評及憤怒的情緒都不再重要。當你坦然接受每個人、每件事的真實樣貌，你會覺得豁然開朗、充滿力量，感到圓滿完整。

當你接受自己是個驚為天人、具有無上靈性的存在，你也擁抱了最真的自己。你真的超讚的！

今日能量頻率

問自己以下問題，在每個問題的開始，閉上雙眼、深呼吸。專注感覺你的靈魂對於每個問題的回應。

「被接受的感覺有多好？」

「如果要更接受自己，我可以怎麼做？」

「我要怎麼接受過去，好讓自己活在當下？」

接著，用以下的字句設定你的意圖：

「今天，我選擇接受自己、接受世界。
我選擇離開曾經限制住我的意念。
我釋放所有帶來苦痛的行為與經驗。
我明白真實的自我即是愛。
我的真我是明亮、散發光芒的。我的真我是真切的。
今天，我接受自己的本質。也是世界重要的一份子。」

分享你的能量

「我接受我靈魂的全部。」

靈性練習 18

和你的渴望來一場約會

「渴望」是充滿力量的字眼，帶有強烈情感，既流動多變，又讓人興奮。渴望不只是普通的兩個字，更是一種感覺，一種對某個東西、某個人的渴求，甚至是一種幻想。一直以來，我們不是壓抑內心渴望，就是把渴望擺在一旁，但是從今天起，一切將有所不同。

你可以渴望，這是此刻的你最需要知道的事。你可以有想要某個東西的衝動，也可以放心去感受這些渴望與需求。

每個人都希望人生有所成就，想實現個人理想。擁有物質渴望、為了某個目標努力以赴，都很合情合理，如果你追求的是崇高的志業，又更值得鼓勵。

不過，內心有所渴望的時候，最好確認一下這股渴望是不是正向的。先問自己：為什麼想要這個？如果它能讓你快樂，或是讓你成為更好的人，當然沒有問題。其實，任何事物都無法讓你散發更多神性能量，因為你的神性已經完美無缺，但是，你還是可以享受這個世界、體驗世上的一切。深呼吸一下，好好消化這個想法，告訴自己：「你可以擁有渴望！」

大部分的人不允許自己擁有渴望，覺得內心的慾望象徵著自私。對他們而言，如果自己擁有某個東西，特別是奢華、名貴的東西，就是剝奪了別人擁有的機會。但是，透過接受，我們其實為世界帶來了平衡。

很多人覺得自己常扮演給予的角色。有時候，我們會覺得好像給出了近乎全部的自己，直到再也拿不出任何東西。當我們接受，失衡的狀況會立刻得到修復。同時也讓身旁的人知道，他們也能勇於接受。

宇宙樂於跟我們分享它的能量。那股能量永遠不會消失、枯竭或衰亡。宇宙間存在無限多的能量，足夠人人享有，而那股能量便是一切的造物主。今天，請你了解到，造物主的心中沒有匱乏，你的生命也沒有匱乏的位置。

選擇看見自己的渴望，就是讓自己放心和宇宙共舞，放心接受支持，為自己創造成長與幸福。

✦ 今日能量頻率 ✦

今天的練習鼓勵你和自己的渴望來一場約會。

✦ 你有什麼渴望？

✦ 這些渴望被滿足時，你會有什麼感覺？

✦ 你現在能做什麼來創造那種感覺？

✦ 你能如何表達那股情緒？

✦ 動手去做吧！

這是今天的意圖：

「渴望是充滿力量的情感。

我了解到自己有所渴望，也終於看見了心中的渴望。

想要得到、想要擁有並沒有關係，

因為宇宙是豐盛的，足夠人人享有。

透過接受，我為世界帶來了平衡。

透過顯化，我讓他人知道人人都能顯化渴望。

感謝宇宙關懷著我，滿足我追求至善的心。」

分享你的能量

「今天，我跟內心的渴望約會，真是太棒了！」

靈性練習 19

來一場靈性跳舞派對！

我很少錯過舞動身體的任何機會。聽到喜歡的音樂時，我很愛跟著旋律扭腰擺臀，好好「搖」一下。跳這種單人舞的時候，我知道天使也在身旁快樂飛舞，因此總是感覺受到滿滿支持。

左右扭動屁股，搖擺身體，做各種旋轉、跳躍的當下，我們也進入了生命之流。當我們跟著喜歡的音樂自在舞動，將一切拋在腦後，在那短短的幾分鐘裡，我們放下了恐懼與憂慮。在靈性的層級上，我們透過肢體律動展現了自己的靈魂。

我一直很認同「勝利之舞」的概念。勝利之舞的用意是顯化，重點在於想著你的渴望、人生目標、夢想，並感覺宇宙已經實現了一切，將這些豐盛帶到你的生命中。當你觀想收到這些禮物，感到無比快樂、飄飄然時，你將內心感受化為舞蹈，從中創造顯化渴望的能量。透過舞動，你彷彿將宇宙的力量與支持集結起來，以有形的姿態展現。

在自己的活動上，我常會在台上做勝利之舞的練習，也在《Angel Prayers》裡分享過這個儀式。在舞動的當下，我們進入了純然的喜悅，因此也在提高能量振動。當振動頻率提高，我們就能接收宇宙的指引與祝福，顯化內心深處的渴望。

你上一次跟著喜歡的音樂搖擺身體是什麼時候？你發現了嗎？那其實是一次美好的靈性練習喔！

✦今日能量頻率✦

今天的練習鼓勵你來一場靈性跳舞派對，透過舞動的力量清理內心、淨化頻率。你想要什麼時候跳舞、選什麼音樂都可以，只要記得選擇帶有高能量、充滿歡樂的音樂就好。

想一想內心的渴望，在心中默念或大聲說出你的祈禱，想像自己最瘋狂、美好的夢想已經實現，或觀想自己成功克服了目前的挑戰。光填滿了你的存在，讓光從你的氣場向外發散。接著，播放你最喜歡的音樂，想著宇宙已經實現了你的渴望，盡情慶祝舞動吧！

這是今天的意圖：

「今天，我和宇宙一起跳舞。
我的身體律動，是我靈魂的展現。
天使在我身旁快樂旋轉飛舞。
我了解到，我內在有無限的光。
我舞出喜悅，與世界分享我的光！」

分享你的能量

「我從不一個人跳舞，我永遠有天使一起跳恰恰！」

靈性練習 20

進入生命之流，
煥發宇宙聖光！

前面 10 個練習主要引導你接受與表達自己，並在過程中頌揚生殖輪的美好，提升它的能量。生殖輪賦予我們孕育生命的能力，具有神聖地位，也與豐盛密切相關。更特別的是，生殖輪也是身體的水能量中心，而水正是支持豐盛的元素。我常會說，宇宙有一個巨大的能量水庫，等著我們將能量汲取到生命中。

你當然也不例外，你值得享有豐盛、獲得支持與能量。宇宙已經守在一旁，等你善用它為你準備的一切。從第一個練習到現在，我們已經了解到，宇宙的豐盛足夠人人享有。今天，請你接受生命的「富足」。

✦ 今日能量頻率 ✦

女神式（Utkata Konasana）

今天的練習跟之前不太一樣，我們要做一個瑜伽姿勢，其中包含動作與呼吸，目的是強化你的生殖輪。我們會從宇宙的無限水庫中，汲取豐盛的能量，更棒的是，這個動作還能鍛鍊腿部和屁股喔！

今天要做的瑜伽姿勢是女神式（Utkata Konasana），又稱之為「勇猛天使式」。請你張開雙臂，雙手打開，掌心朝前，代表你敞開心胸，迎接各種豐盛與能量。

如果你有膝蓋、髖部或關節問題，依照指示做動作時，記得不要造成任何壓迫或不適。真正的重點不是姿勢本身，而是你的呼吸，以及心中的意圖。

✦ 雙腿打開，兩腳距離視身高而定，約 90 至 120 公分（身高愈高、站距愈寬）。

✦ 雙腳向外打開，呈 45 度角，讓腳跟朝內相對，膝蓋彎曲，讓屁股往下、身體下蹲。

✦ 肚子收緊用力，讓下背得到支撐、維持姿勢穩定，並強化核心。

✦ 打開掌心，雙臂向上舉起。

✦ 吸氣時，想像自己從宇宙汲取了豐沛、無限的能量，從手臂進入了身體；呼氣時，放下雙臂，掌心相對，將能量帶到你的生殖輪（位置在肚臍與骨盆底部之間）。

✦ 維持這個姿勢，搭配呼吸反覆操作，建議做 10 次。

✦ 完成之後，雙手合十呈祈禱姿勢，雙腿打直，雙腳腳跟與腳趾輪流離地，慢慢往中心靠近。

✦ 軀幹呈一直線，雙手在胸前合十後，做幾次深呼吸，感謝自己與內在的指導靈。如果你感應到任何聖人、天使、高靈或指導靈，請知道祂們此刻與你同在，歌頌著你的美好。

✦ 準備好的時候，在心中默默對自己、對宇宙點頭致敬。

這是今天的意圖：

「今天，我與生命之流合一。

我擁抱宇宙的支持。

我為自己的神聖感官注入能量，自在地律動。

我知道自己的本質是神性，並與芸芸眾生連結。

我在自己的流裡受到保護與支持，感覺如此美好。

一切本應如此。」

分享你的能量

「我自在地流動，感覺被聖光守護、支持！」

點　燃

IGNITE

◆ 脈輪：太陽神經叢輪
◆ 位置：腹部中央，肚臍偏上
◆ 顏色：黃
◆ 元素：火

太陽神經叢輪的梵文是「Manipura」，意為「閃閃發亮的寶石」，是人體的力量中樞。透過靈視力感知時，太陽神經叢輪就像一個小小的太陽，不斷地旋轉。它掌管我們的意志力與達成目標的能力。在大自然中，太陽神經叢輪就好比親吻土壤的陽光，帶來溫暖與柔和，幫助種子成為世界上的一抹美麗。

太陽神經叢輪與腹部和消化系統的健康息息相關，不只影響肚子裡食物的消化，也影響了我們如何「消化」生活的各種遭遇。這個能量中心能觸發內心的直覺，可以說是各種「感覺」的中控台或中央處理器。如果你體會剛換新工作的緊張焦慮，或是在壞事發生之前，感到反胃、不舒服，那就是你的太陽神經叢輪在釋放能量。

接下來的練習會引導你點燃神聖意志，集中內在能量，激發你的使命感。準備好了嗎？勇往直前，突破眼前層層的阻礙吧！

靈性練習 21

有志者，事竟成！

你身上有一股宏偉的力量。你擁有實現夢想、締造奇蹟的能力。你現在做的每一件事、說的每一句話，都在向外發散能量，形塑未來的道路。你是無限的存在，漂浮在廣大的宇宙中，感受它的完滿、生命力與無限能量。此時此刻，宇宙就在你身旁，在你心裡，隨時支持著你。

意圖的力量非常驚人，即使你沒有意識到，它也一直在發揮作用。你說的每一句話，儘管只是逗大家開心的玩笑，都是一個意圖。你接受的每一個生命經驗，也都是意圖。先澄清一下，並非以後都不能講笑話、不能哈哈大笑，而是鼓勵你思考自己想過什麼樣的生活。

受到他人無禮對待、感到受傷或是被利用，都可能影響我們的意圖。讓我舉個例子說明：假設你的朋友、同事或伴侶突然對你態度惡劣，你覺得莫名其妙、難以接受，卻沒有運用內在的力量改變現狀。這時，宇宙雖然不願這種事發生在你身上，還是會開始在你的生活中複製這種經驗，**直到**你主動改變現狀為止。這就好像你透過意念和經驗發出的磁波，進入了你的氣場，吸引相近的能量，進而將類似的經驗吸到你的生命中。

我們很常忘記自己其實充滿力量，有能力創造美妙的經驗，而且遭遇人生不如意的時候，更容易忘記自己有能力改變。在這種時候，有一個方法對我幫助很大，就是向宇宙宣告，告訴它我是否準備好接受某個生命經驗。例如，好事發生的時候，如果我希望以後有更多這樣的經驗，我會說：「沒錯！親愛的宇宙，這就是我想要的。這正是我喜歡的經驗，我也願意接受更多！」

發生的事情不如所願時，我也會告訴宇宙，我會說：「我很感謝有這次的學習，但是我現在選擇淨化氣場，把所有造成這次經驗的思緒、意念和能量都排除。我選擇擁有充滿愛與支持的經驗。」

✦今日能量頻率✦

今天的練習鼓勵你培養神聖意志。請你明白，每一個念頭、感受、行為和經驗，都會影響你的下一個生活經驗。如果某件事讓你感覺不好，淨化你的氣場，之後重新設定意圖。

「我很感謝自己能安排我的人生。
我的每個意念和感受都在創造我的世界。
對於無法帶來快樂的想法與意圖，我已經準備好完全清除。
今天，我選擇明白，我的未來會充滿美好的經驗。
我的生活充滿喜悅，我選擇在生活中的大小事看見喜悅。
能夠與自己身上流動的能量頻率相同，感覺真好。
我很安全。」

分享你的能量

「我選擇放下挑戰，擁抱正向改變。」

靈性練習 22

開啟太陽神經叢輪，展現太陽之力

脈輪對於提升振動頻率至關重要。我常把脈輪視為與人體相對的「靈性身體」，把每個脈輪照顧好，真實的自我與靈魂便能充分綻放。

前面提到，太陽神經叢輪代表了意志力、鬥志與實現目標的能力，重要性不容忽視。這個能量中心就像身體的太陽，因此務必讓它保持在能量平衡、活化與集中的狀態。太陽神經叢輪能量不足時，我們可能會失去動力與生活的方向，甚至心力交瘁；能量過剩、過度活躍時，則可能忙碌成癮，內心有很多想法，卻無法貫徹或實踐。

維持太陽神經叢輪的能量平衡沒有想像中困難。而且，正是因為開啟太陽神經叢輪太過簡單，很多修習靈性的人反而忽略了它的重要。

透過太陽神經叢輪，你能從內在汲取太陽的力量，用更積極、開心及自在的態度過生活。這個脈輪達到平衡時，你的靈性能量會進入高頻振動的空間，你也能接收更多神性指引，獲得豐沛靈感，找到能實際執行的創意巧思。

✦今日能量頻率✦

今天，我們要做一個簡單的冥想練習，鼓勵太陽神經叢輪活動一下，散發平衡和諧的能量。

✦找一個舒服的方式坐下，坐在地上或椅子上都可以。

✦將肩關節向前、向後轉動幾次，鼓勵肩膀放鬆。接著放鬆頸部，低頭以畫半圓的方式左右來回轉動。

✦覺得比較放鬆之後，將雙手放在太陽神經叢輪的位置。

✦深呼吸，將空氣帶到手的位置，每次吸氣時，感覺肚子膨脹變大。

✦每次吸氣時，想像自己將太陽的光帶到了身體裡，進入了你的生命中心。這道光進入你的身體之後，一切阻礙、限制及衝突都消失無蹤，你的整個人都進入了平衡和諧的狀態。

✦想在這個狀態停留多久都可以。吸氣時，將光帶到你的太陽神經叢輪；吐氣時，將老舊停滯的能量排出，不讓它再阻礙你與內在力量的連結。

✦準備好的時候，設定今天的意圖：

「我靈魂的太陽正發出耀眼光芒。

我全身散發著和諧的光。

我觸及了神性的靈感泉源。

創造力自由地在我身體裡流動。

我充滿力量，與光合一。

一切本應如此。」

分享你的能量

「我看見了我靈魂的聖光，我與世界分享這道光！」

靈性練習 23

你的內在之火不會燙傷你，只會溫暖你！

你是一個受到靈感啟發的人，如此具有靈性、充滿正能量。你已經體悟到，身為宇宙的一份子，你背負著更重要的使命，也回應了宇宙的召喚。你發現自己身上有著太陽的光，也明白神性靈感一直都在你身上流動。

接收靈感啟示、感應創意流動的當下，務必提醒自己，神性的宇宙永遠掌握著最佳時間點。宇宙不對你施加任何期望，也不會設下任何時間限制。

在人生的路上，你前進的速度不快不慢，剛剛好。宇宙也希望你明白這件事。你的內在之火會激勵、鼓勵你，也會引導你。

宇宙和天使都想支持你與你的夢想。因此，不妨稍作暫停，讓神性的支持進入心中。我們很常一頭栽進某件事或某個目標裡，不分晝夜、全力以赴，結果讓自己累得不成人形。而且，如果你老是想控制事情的發展，不願意停下腳步，看看目前的狀況，你可能到最後才發現，阻礙夢想實現的原因，其實就是你自己。此刻，你的光之天使已經來到身旁，祂們想告訴你：維持對目標的熱情固然重要，但是因此投入太多力氣，搞得自己疲憊不堪、心力交瘁，那並不值得。借助宇宙的神性支持吧！相信它會為你安排最好的時機。

今日能量頻率

今天的練習鼓勵你暫停一下，好讓宇宙向你靠近。請你明白，不管你的夢想或目標是什麼，都會在對的時刻開花結果；太想控制一切並不能帶你前進，反而會造成阻礙。

請記得，該做的你都做了，剩下的就交給宇宙。天使很開心能接手一切，讓你能在神性的引導下找到自己的至善。

✦ 想一件此刻讓你擔憂或覺得壓力很大的事，想像自己將這件事捧在手裡，在手掌心攤開。

✦ 雙手向天空高舉，想像散發金黃色光芒的天使降臨，從你手中接下了這件事，帶它飛向了天堂，然後說：

「今天，我將這件事交給上天。

我感謝自己享有的一切支持。

我相信自己前進的方向，對我是最好的。

我讓宇宙向我靠近，給我支持。

我感謝自己一路走來的每一步，並在此刻肯定這段旅程的每好。

我已經盡了全力，現在，我要停下腳步，敞開心胸領受。

一切本應如此。」

分享你的能量

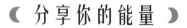

「我進入了施與受之間的平衡！」

靈性練習 24

跟你的小我說「哈囉」！

小我（ego）有自己的一套想法，作風偏激，喜歡不按牌理出牌，而且老愛搞得心裡烏煙瘴氣。小我搗蛋的興致一來，實在讓人頭痛。很多人最後忍受不了，跟小我鬧翻，內心卻也從此不得安寧。今天，讓我們透過練習做出改變。

小我的存在是有目的的。我知道乍聽之下難以相信，但這是真的。小我是我們內心的聲音，它會一邊為成功鋪路，一邊為失敗做準備。小我能讓我們從同一句話裡，同時聽到「我好棒」以及「我不配」。小我的用意，其實就是讓我們**做選擇**。

小我給了我們選擇的機會，能決定自己要被恐懼拉著走，或是被愛包圍。這個聲音基本上問的是：「你準備好不再自我設限、放下恐懼了嗎？」其實，很多時候我們還沒有準備好。

當小我的聲音提出質疑，當我們因為害怕失敗而卻步，或是捲入「我不夠好」、「我不值得」的內心糾結，一部分的我們其實在說：「我需要更多愛，才能再往前走一步！」這時，我們要給自己那份愛，才能突破限制，擁抱無限。

✦今日能量頻率✦

今天的練習鼓勵你用不同的方式對待小我。當小我開始碎碎念，與其叫它閉嘴，請你試著跟它說聲「嗨」，把愛分享給它。內在聲音有時會捏造美好的假象，有時則嚴厲批判，說的話既不是事實，也不符合最真實的你（純然的愛），覺察到這種情況時，請對它說：

「嗨，小我，
謝謝你來找我。謝謝你分享意見，也讓我自由選擇要不要接受。
今天，我選擇用不同的角度思考，但還是謝謝你順路經過。
好好保重喔！再見！」

接著繼續過自己的一天。你可以用自己的話來說，需要做幾次都可以。跟小我打聲招呼，然後讓它離開。

分享你的能量

「嗨，小我，謝謝你跟我分享。我選擇讓你離開，讓美善進來。」

靈性練習 25

用天使的愛看見自我價值！

你如何看待自己、覺得自己有多少價值，會隨著你的振動頻率提升而改變。當你開始揚升能量振動，與自我進一步連結，就能從宇宙和天使的角度看見自己。

自我價值是你眼中所見最真的自己。在培養靈性的道途上，自我價值讓你知道自己值得成長與收穫。當自我價值提升了，你會充滿自信，能帶著愛與和諧的本心，創造屬於自己的成功。

用愛憐的眼光看待自己非常重要。怎麼做呢？從守護天使的視角看見自己，就是一個很棒的方法。你的守護天使無條件地愛著你，也不對你加諸任何期望。祂們每分每秒都在訴說著對你的愛，而且祂們看穿了你的外貌，看透了世俗虛榮的表象，直接看見了你靈魂的光芒。

✦今日能量頻率✦

今天的練習鼓勵你透過守護天使的眼睛，看見你自己。請你明白，守護天使注視著你的時候，看到的不是你的健康隱憂、財務狀況，或是你為自己貼上的標籤，祂們看見的是絢爛的金色光芒。在祂們眼裡，你是一個充滿潛力、擁有無限可能的存在。

✦ 想像自己是一道金色的光，感受自己在任何事情上都充滿無限潛力。

✦ 知道自己被濃得化不開的愛層層包圍。今天，選擇用同樣的愛來愛自己。

✦ 相信你犯的錯如今都已過去，重要的是你把握此刻做的一切。

✦ 然後說：

「我是無條件的愛，我是光的存在。我充滿無限潛能。
我跨越了過去的錯誤和阻礙。今天，我選擇對自己致敬。
我選擇頌揚：我是一個在生命體裡的靈魂。
我值得體會愛。今天，我給自己這份美好的愛。」

分享你的能量

「今天，我選擇給自己，我值得擁有的愛。」

靈性練習 26

睡個好覺，光芒閃耀！

很多光行者會在晚上「開機」運轉，而且不只啟動大腦，也會啟動靈性。我們選擇在這時點亮內在之光，主要是因為夜深人靜時，讓人分心的因素比較少，比較能聽見靈魂的聲音。但是，好好睡一覺其實對於提高振動頻率很有幫助。

如果想要一夜好眠，你需要在睡前切換模式。如果你不是能馬上呼呼大睡的人，與其直接跳進被窩，逼自己趕快入睡，不如調整能量、設定意圖，將環境整理一下，讓自己徹底放鬆，準備進入深沉、安穩的睡眠。

✦今日能量頻率✦

想讓身體好好關機，一夜好眠，不妨在睡前做這三件超簡單的事：

✦ **清理雜物**：環境雜亂就是心靈雜亂。如果你睡覺的房間有太多雜物，內心也會雜念紛飛，無法安定下來。將環境整理乾淨，心靈自然開闊舒暢。

✦ **冥想**：坐在床邊的地板上，冥想 5 至 10 分鐘。不需要進入深層的冥想，只要簡單的練習，專注在呼吸上。做能讓自己快樂的冥想，例如想像在美麗的海灘上漫步。讓思緒隨意發散也可以，但是別忘了盡量拉長呼吸，放慢吸與吐的節奏。你能在這段時間放鬆神遊，避免將沒消耗完的能量帶到床上。

✦ **設定睡眠意圖**：完成冥想練習之後，可以設定在睡前放鬆的意圖。向宇宙清楚表明，現在不是工作、發揮創意或打點生活的時候。明確告訴宇宙，你準備好休息睡覺，而且你很感謝它的支持。

分享你的能量

「好好睡一覺，光芒就閃耀！」

靈性練習 27

與你的直覺互動

你的直覺每天都在對你說話。每次問自己問題時，直覺都會給你一個答案或隱約的感覺，告訴你該怎麼做。不過，你可能和多數人一樣，不會聆聽直覺傳來的細微訊息，也因此無法區別內心的聲音是指引還是恐懼。

你的直覺喜歡支持你、幫助你成長。直覺來自一種深層的靈性特質，稱為「洞察力」(discernment)。洞察力就是相信內在聲音的能力，知道什麼真正適合自己。

宇宙會透過直覺傳達訊息給你，卻也尊重你的自由意志。因此，雖然這套內在指引系統隨時為你的最大利益著想，你也能選擇忽略直覺的聲音。

《奇蹟課程》書裡有一句話發人深省，更觸動了我的靈魂：

「你有多願意傾聽，聖靈的聲音就有多響亮。」

聖靈的聲音指的就是你的直覺。如果願意聆聽，你會知道哪些感受是來自內心的指引，學會相信、順從這些感覺。

當你接收到直覺般的起心動念，並依循內在指引行事，就能提高振動頻率，你的氣場也會開始散發動人、閃耀的光芒。

✦ 今日能量頻率 ✦

今天的練習提醒你聆聽內在的聲音，請你深入內心，傾聽靈魂想與你分享的訊息。別忘了，內在的指引永遠帶著愛與慈悲，永遠都會專注在當下。

今天，花點時間與靈魂一同冥想吧！不必複雜，簡單就好。

✦ 閉上雙眼，觀想自己沐浴在金色的光裡。

✦ 說：「我正在傾聽我的靈魂。」

✦ 然後問：

「你今天希望我去哪裡？」「你今天希望我做什麼？」

「你希望我說些什麼？」「這些話要對誰說？」

✦ 用心聆聽靈魂說的話。相信它。你會聽到許多自己一直逃避的真相。依循靈魂的指引，你將與直覺建立更緊密的連結。

☾ 分享你的能量 ☽

「我相信我的能量振動，也會加以回應。」

靈性練習 28

找到信任的力量

信任是很重要的人際課題，對現代人更是如此。我們都曾被謊言欺騙，或是被流言中傷。我們也都曾遭遇背叛。

想順利提高振動頻率，就必須找到正直、可靠及善良的人，多與他們相處。你需要感覺受到支持，就必須成為支持他人的好幫手。換言之，想遇見可靠的夥伴，自己也必須夠可靠才行。

無論是友情或任何關係，都需要在施與受之間取得平衡。當然，有時候你會給得多一點，有時候則需要多一點，但是真摯的關係永遠會回歸平衡，經得住一切考驗。

誠實面對所有關係非常重要，因為如果你無法坦誠，就不是忠於自我。如果你因為害怕（或知道）會被嘲笑，或擔心對方說溜嘴，而選擇隱瞞事實，或不願分享內心深處的想法時，請藉著這次練習做出改變。

如果我希望有很多知心好友，我自己也必須是個好朋友；如果我希望別人誠實對我，我也要誠實對人；如果我想受到尊重，我也必須尊重他人。

今日能量頻率

在今天的練習中，宇宙鼓勵你支持你愛的人。對你擁有的關係表達感謝，問自己能做些什麼，來讓身旁的人感覺受到支持與關愛。

當一個好朋友，凡事說到做到，對你的人生會有很大的幫助。如果你覺得自己過去並沒有做到，務必好好修補與改正。在犯了錯的關係中尋求原諒，盡可能給予身旁的人支持，你才能在自己的世界裡也受到支持。

為了提升振動頻率，你需要一定的信任基礎。因此，務必找到那些你能相信、對方也相信你的人，好好培養關係。

今天的練習也許無法在一天之內完成，但是開始之後，你會感覺受到更多支持，日子過得更踏實平衡。

分享你的能量

「我對我愛的人給予支持和信任。」

靈性練習 29

別讓羞愧綁架自己

羞愧其實是很常見的情緒。大家偶爾都會有羞愧或丟臉的感受。人生難免會遇到讓人自責的事情，或是希望扭轉的過去。我們未來也一定會有許多經驗或遭遇，是想隱藏起來、不願任何人知道的。

羞愧是一種很難面對、讓人喘不過氣的情緒，也不容易被釋放。在小我的煽風點火下，羞愧化身為一個黑暗的記憶片段，讓我們覺得自己不夠好、沒用，像個笨蛋一樣。但是，我認為這些難受的情緒不過是一個溫柔的提醒，讓我們記得自己來到這世上，是為了探索愛的本質。

克服羞愧的方法，就是選擇看見事實。下面這句話聽起來有點老套，但是它幫助了我無數次。每當我覺得羞愧自卑，我都會告訴自己：

「沒有黑暗，星星怎能如此閃亮！」

當羞愧的黑暗籠罩內心，就是你成為星星，發光閃耀的時刻。

✦ 今日能量頻率 ✦

今天的練習看似簡單，其實並不容易。如果不想讓羞愧綁架自己，你得先學會放下「比較」這件事。

羞愧讓你情緒低落，原因在於小我會拿你的經驗跟別人相比，或者跟它認為最完美的經驗相比。無論如何，你都會因此放大自己的不足，覺得自己不夠好。

今天，宇宙邀請你停止比較，不要再去想自己（或他人）和完美之間的距離。相信每個人都使出渾身解數，努力做到最好，而你也不例外。你不需要感到羞愧，因為你永遠都全力以赴。好好體會這件事，也將這份禮物送給你認識的每一個人。

分享你的能量

「當我拿自己和別人比時，羞愧才會存在。
我要放下一切會讓我想要比較的心態。」

靈性練習 30

點亮你的光！

太陽能量現在非常強盛，你進入了平衡，放下一切羞愧，深受靈性啟發。你與自己內在的聲音連結，與直覺合而為一。

你生來就是為了閃耀，而此刻，你的光已經充滿內在，世界也準備好看見你的光。

今天的練習邀請你有意識地點亮你的光，將它與世界分享。請你透過一個簡單的姿勢，閃耀你的聖光。

今日能量頻率

✦ 雙腳併攏。如果這麼做不太舒服，腳跟可以微微分開。

✦ 大腿內側靠緊，並慢慢將屁股夾緊。

✦ 肚子稍微向內收，啟動太陽神經叢輪的能量。

✦ 挺胸，肩膀向後收，雙手自然垂放在身體兩側，掌心朝前。你現在的姿勢就是「山式」(Tadasana)。

✦ 想像你點亮了肚子裡的光。這道光愈來愈亮、愈來愈亮，直

山式（Tadasana）

到你的整個身體都在發光。透過肚子內收，你讓這道光沿著你的脊椎上下流動，經過身體的四肢。

✦ 這道光來到了你的雙手。當你的掌心感覺到光時，雙手往天空高舉。

✦ 肩膀往後收，抬頭挺胸，打開胸腔，想像你將內在的光發送到了世界的每個角落。你並沒有損失任何能量，而是將能量與全世界分享。

✦ 覺得自己完成之後，可以將雙手帶回胸前，雙手合十，對自己默默點頭致意。

✦ 你做到了！你擁抱了內在的聖光，更與全世界分享，為自己慶祝喝采吧！

分享你的能量

「今天，我點亮了內在的光，在世界上閃閃發亮！」

領受

RECEIVE

◆ 脈輪：心輪

◆ 顏色：綠（有時會轉為粉紅或寶石紅）

◆ 位置：心臟周圍、胸口正中央

◆ 元素：風（空氣）

心輪的梵文是「Anahata」，意思是「未受擊打的」，這個詞帶有美好的寓意，象徵我們的心永遠不會真的破碎。心輪與我們給予和接受愛的能力有關。我們必須在「施」與「受」之間找到平衡，才能開啟更高之心（higher heart，心輪上方的靈性中心），進而活出靈性覺醒的人生。在大自然裡，心輪就像輕柔的風，透過空氣傳播花粉，也像是為植物授粉的昆蟲，讓草木開花結果。

與心輪有關的身體部位包含心臟、肺部及上呼吸系統。心輪掌管所有和心相關的問題，包含體會愛、人際關係，甚至分離。失去摯愛，或是面臨一段關係的結束時，我們固然會感到心碎，但心輪能幫助我們從分離與束縛中超脫，了解靈魂（靈性之心）永遠不會破損或毀壞。我們也因此能踏上療癒之路。

接下來的練習會幫助你擺脫限制與失去的意念，進入圓滿、完整的心靈空間。這些練習將引導你感受心輪的能量，並開啟心輪，領受自己值得的美好。

靈性練習 31

學著對他人說「No」，對自己說「Yes」！

宇宙知道，能量振動能提升到多高，其實取決於一個人想要如何幫助世界、幫助身旁的人。當你想要給予，就表示你有一顆慷慨、善良、關懷的美善之心，表示你想要讓世界更好。這當然很好，但我們這次換個主題，來談談「接受」。

當你接受的時候，你暫時停下各種給予、付出，讓自己獲得修復。這份修復是你應得的，因為你與世界分享了好多。千萬別忘了。

在施與受之間取得平衡本來就不容易，但是靈魂會告訴你何時需要接受、何時能夠給予。有人來找你幫忙時，你也許已經分身乏術，卻因為感到內疚、怕對方失望，依然點頭答應。這時的你應該知道，當你委屈自己、成全別人，你其實讓自己失望了。

今天的練習是一堂自我關懷入門課，也是來自宇宙的溫柔提醒，要你別再委屈自己，因為它希望你獲得修復，充滿能量。宇宙想給你向別人說「No」的工具，你才能放心對自己說「Yes」。

今日能量頻率

今天的練習鼓勵你對自己說「Yes」。你可以怎麼做？做什麼事能幫你的身心靈「充電」？在今天的待辦清單裡，有沒有什麼是你能溫柔放下的呢？你能做點什麼來寵愛自己？

面對他人的壓力時，有一個方法能幫助你溫柔地說「No」，好讓你有餘裕照顧自己：

「聽到你有這種感覺／你覺得壓力很大，真是辛苦了。我希望你一切都順順利利的。你值得擁有快樂的生活。但是我現在沒辦法幫你，所以，我必須對你說『No』，才能夠對自己說『Yes』。謝謝你的體諒。我愛你。」

你可以和對方說這段話，或是在內心對自己說就好。如果對方不是你愛的人，你也可以自由調整，我相信你已經掌握要點了。

「今天，我對自己說『Yes』。我滿足了自己所有的需求。

今天，我對自己說『Yes』。我讓自己自由了！」

分享你的能量

「對自己說『Yes』是自我關懷與愛的表現。」

靈性練習 32

為奇蹟創造空間

你的生活中有奇蹟發生嗎？我相信每個人都值得擁有奇蹟。

奇蹟是認知的轉變，也就是改變個人的思考方式。奇蹟可以很簡單，選擇充滿愛的意念，而不是被恐懼填滿的念頭，就是一個奇蹟。

《奇蹟課程》書裡提到，奇蹟沒有大小之分，因為只要心念一轉，就能創造奇蹟。今天，讓我們一起將這個概念進一步延伸，體認到重點不在於奇蹟有多大，而是你在生活中為它創造了多少空間。

奇蹟是愛的自然流露，沒有奇蹟發生時，代表出現了問題。你也許凡事都往好的一面想，努力聚焦在愛的事物上，同時卻不相信事情會有所改變。

別讓心智阻礙自己，影響你顯化美好奇蹟的能力。你只需要為奇蹟騰出空間，接下來的事就放心交給天使。

✦ 今日能量頻率 ✦

今天的練習鼓勵你創造空間，讓你應得的奇蹟進入生命裡。如果生活中的某件事需要奇蹟，你得先踏出改變的第一步，接著讓宇宙向你靠近。

你不必絞盡腦汁規畫，苦思下一步怎麼走，也不用設想情況會如何改變，只要對那件事懷抱關愛，接著將它交給宇宙、交給在星宇間飛舞的光之天使。

你的工作不是創造奇蹟，而是創造讓奇蹟發生的空間。今天，請你覺察生活中需要奇蹟的事情，對這些事傳送愛的意念，想像它們被造物主輕輕握在手裡。

接受你應得的奇蹟，並看見天使在身旁飛舞，支持著你。

「今天，我為奇蹟創造空間。
我知道重點不是奇蹟有多大，而是我為奇蹟保留了多少空間。
我對自己需要支持的事情傳送愛的意念。
我讓自己感覺受到支持。
奇蹟會自然發生，而我敞開心胸歡喜迎接。」

分享你的能量

「我為奇蹟創造空間！」

靈性練習 33

超凡的奇蹟大師

揚升大師包含了開悟的靈魂、神靈與天使，祂們致力化育地球萬物、促進世界和平。這些超凡的靈性大師跨越了宗教、超越了時空，只要有人呼求，祂們都樂意協助。我喜歡稱祂們為「光之守護者」。

我特別在這次練習提到揚升大師，是因為「33」與一位偉大的揚升大師密切相關——耶穌。相傳 33 是耶穌在人世間活的歲數，如果你在生活中經常看到這個數字，就是光之守護者正在對你招手，提供支持。

你能呼喚的揚升大師非常多，在之後的練習中，你也會與更多揚升大師建立連結。祂們大都是歷史上的聖賢或人類導師，曾和你我一樣在地球上生活，例如聖女貞德、瑜伽行者尤迦南達、佛陀釋迦牟尼及觀音菩薩等等。祂們踏上了高深的靈修之路，並在肉身死亡之後，選擇在另一個世界繼續弘揚本願、渡化眾生。

你很可能已經受到某位天上聖人、導師、揚升大師或指導靈的吸引。請你知道，祂們此刻就在你身旁，幫助你在靈性道途上前進。

✦ 今日能量頻率 ✦

今天的練習鼓勵你呼求與你親近的揚升大師、指導靈與開悟的導師。讓自己放鬆自在地與祂們來一場對話，感謝祂們與你同在、一路引導你，感謝祂們幫助你從今天的生活中有所體悟。

在靈性的道途上，你並不孤單，有明亮的光引導著你、支持著你。請你再次記起這些你已知道的事，然後用以下字句創造空間，迎來聖光：

「我敞開心胸，接受靈性導師的協助。
知道揚升大師正在引導我前行，我非常感謝。
在人生的道途上感覺受到支持，真是太好了。
親愛的指導靈，謝謝。因為祢們，我看清了自己所在的位置。
親愛的神性上師，謝謝。因為祢們，我能擁抱自己的靈性天賦，
感謝生命的歷練。
一切本應如此！」

分享你的能量

「我知道靈性導師在我的道途上一直支持著我。」

靈性練習 34

歡迎來到心窩深處

前面提到，心輪的梵文是「Anahata」，表示「未受擊打的」，也隱含非常重要的寓意：我們的心永遠不會破碎。

這次練習也許不太容易，因為我們都遭遇過心碎。每個人心碎的原因不盡相同，但主要是失去對自己很重要的人，或是必須結束一段關係。

宇宙希望你明白，你的心永遠不會破碎，但是小我可能會用話術，讓你以為自己的心不堪一擊。當我們感覺與所愛的人分離，便會有心碎的感受。這種痛心的感覺也許非常真實，卻是一種假象，因為它並不符合我們對靈魂的事實認知。

從靈魂的角度來看，我們知道自己的本質是愛，而愛會在整個宇宙間流動，將所有人串連在一起。我們即是一體。從心窩深處，我們和過去、現在與未來存有的一切人、事、物連結，但是不知道為什麼，世界卻告訴我們每個人都是互不相干的個體。

讓我們重新拆解這些感受，找回帶你來到地球上的愛，跟著愛一起自在流動。

✦ 今日能量頻率 ✦

✦ 將雙手放在心臟的位置，朝著掌心深呼吸。

✦ 感受自己身上的兩顆心：一顆是維持你生命的心臟，另一顆心代表你了解、體會愛的能力。

✦ 接著設定今天的意圖：

「今天，我看見自己完整圓滿的心。

我知道代表真實自我的心，永遠不會破碎。

我充滿神性、完好無缺，我安適自在。」

分享你的能量

「我靈魂的心總是得到療癒，完整無缺。」

靈性練習 35

愛從未消失

愛是奇妙的東西，如果我們在生活中感受不到愛，就會四處尋找愛。我們在不同人、事、物之間來回穿梭，探尋愛的蹤影，但我們愈是刻意尋找，愈是找不到。

談到愛這件事，《奇蹟課程》提供了一個看似簡單的方法，實際執行起來卻不容易：

「你的任務不是往外尋找愛，而是深入內心，找出你在心裡築起的高牆，問自己愛為何進不來。」

愛一直都在。愛是創造你、讓你存在的源頭。當所有恐懼都褪去，只有愛會留下。你的內心深處有一份無條件的愛，靜靜等著你發掘。外在世界要你相信你與愛是互相分離的，但內心世界希望你明白：你即是愛。

✦ 今日能量頻率 ✦

你所有的憤恨、恐懼與失望，都是你與愛之間的阻礙。你愈常陷入這些情緒裡，就愈沒有時間體會更高的愛、擁抱你值得的愛。今天的練習鼓勵你深入內心，找到愛的絆腳石，將它們全部移開。

現在，請你覺察自己需要與哪些人、哪些事和解，才能繼續往前。

✦ 你需要原諒誰？

✦ 哪些事情、情緒對你沒有幫助？你能不能放下它？

✦ 在哪些事情上，你能放下執著，不再強求，好讓自己快樂？

以下是今天的祈禱：

「親愛的宇宙，
謝謝你讓我看見內心的高牆，看見擋在我和愛之間的阻礙。
我已經準備好，也願意去除這些阻礙，展現更深層、
更真切的自我。我選擇向你臣服。一切本應如此！」

分享你的能量

「愛一直都在。今天，我擁抱愛的禮物。」

靈性練習 36

慷慨給予，感恩接受

宇宙以能量平衡為最高原則，這點你已經知道了。很多人將這個原則稱為「業力」或「因果法則」。前面提到，業力是鼓勵我們行善助人的自然法則。我們給出去的善，終究會化成善的果報，回到自己身上。

施與受的運作也是如此。在給予的同時，你也創造了領受的空間。當你不求回報，慷慨地給予他人，宇宙必然會對你給予。這個道理很簡單，很多人卻不願相信。

光行者的路是一條慈悲為懷的康莊大道。你不需接受也能給予，因為這就是你。你是一道光，給予是你的天性，但是今天，請你也勇於接受。

在你的身體裡，心輪是代表為善、助人的靈性空間。這一部分的你想要與有需要的人分享。當你大方地給予，心輪便隨之敞開，閃耀動人光芒。

當你用心準備了一份禮物（不管大小），送給對方，看到他們又驚又喜的樣子，你一定也非常開心。當你在火車站時，看到一個人行李太多，主動上前幫忙，儘管只是舉手之勞，你卻感到開心滿足。給予能夠讓人快樂。

不過，當你給得太多，心輪的能量可能會亮起紅燈。這種情況發生時，你會對自己感到洩氣，覺得再也無法給予。如果想維持生活的平衡，你必須行使「接受」的靈性義務。

✦ 今日能量頻率 ✦

今天的練習鼓勵你告訴宇宙：你願意接受。請你展開雙臂，擁抱各種形式的協助、支持與善意。如果同事想要幫忙，大方接受。如果朋友提議為你煮一頓好料，開心答應！更重要的是，如果有人給你讚美，一定要好好收下，肯定自己。微笑，深呼吸，放心去接受。

「我願意接受。我了解到自己值得受到協助、關愛與支持。給予的感覺很棒，接受的感覺更好。今天，我歡迎平衡的能量進入生命中。我的心完全敞開，準備接受。」

分享你的能量

「我準備好接受了！」

靈性練習 37

好好愛自己

在各種提升振動頻率的練習裡，愛自己也許是難度較高的一種。愛自己之所以難，是因為小我喜歡跑出來阻礙你。每當你進入一個更溫柔、有愛的空間，小我就會開始作怪，或是用你不想聽的話轟炸你。

從之前的練習裡，我們知道小我會這麼做，只是在盡它的本分。小我的百般刁難是個機會，讓你能選擇相信真正的自己。

在此我要強調，小我接下來會跟你說的話，你都聽過了。小我對你的任何負面評論，都是你過去曾對自己說的話、用來攻擊自己的字句。藉由今天的練習放下吧！

好好愛自己的意思，是真心肯定自己的美好。當你決定不再被負面的意念或恐懼綁架，不再讓過去阻礙你追求至善的事物繼續影響自己，在那個當下，你就做到了好好愛自己。

愛自己不一定是對著鏡子裡的自己說「我愛你！」你在生活中做的決定，也可以是愛自己的表現，例如：

✦ 選擇原諒他人，因為原諒能清除內在的負能量。

✦ 不讓自己受到不公平的對待。

✦ 抽空去做讓自己快樂的事。

今日能量頻率

今天的練習鼓勵你好好愛自己。所謂「好好地」，就是用平常捨不得給自己的愛和慈悲，去寵愛自己、與自己對話。

在愛自己的過程中，請了解到，你能將更多宇宙聖光吸引到身上，你也能讓自己的振動頻率提升到最高的層級。你愛自己、忠於真實自我的能力，將成為一股療癒的能量，啟發身旁的每一個人。

「今天，我選擇好好愛自己，對負面的行為、有害的情緒說『不』，讓我的內在被光療癒、滋養。我了解到，我如何看待自己，決定了世界如何看待我。我選擇用愛的眼光注視自己，讓愛的能量從身上流瀉而下，遍布整個世界。今天，我好好愛自己，做出了我需要的改變，讓自己感覺被愛、被接納。」

分享你的能量

「好好愛自己，是對有害的情緒說『No』，
對原諒說『Yes』。」

靈性練習 38

原諒不等於遺忘

有一句耳熟能詳的俗語：「我可以原諒，但是我永遠不會忘記。」老實說，這句話總是讓我渾身顫抖。

原諒是一個很複雜的過程，不是三言兩語就能解釋清楚。原諒可以有很多種解讀方式，對每個人代表的意思也各不相同。對我來說，原諒就是再次想起自己也不再感到受傷，因為沒有任何東西能傷害你的靈魂。當你選擇不再因為一件事而糾結，不再被悲傷、痛苦限制住，就是真正的原諒。原諒不等於遺忘，而是選擇對自己有幫助的事物。

原諒是選擇充滿愛的意念，而不是引起苦痛的記憶，也就是讓你困在過去的「夢魘」。原諒並不是放他人一馬，或是接受對方的負面行為，而是選擇專注在正向的事情。

✦今日能量頻率✦

今天，請你拿回主導權，專注在對你有幫助的回憶與情緒上。與其選擇讓自己不快樂的回憶或情緒，不妨透過今天的練習，用讓自己感到安心、關愛的事物，重新調整大腦和能量。

你的小我會試著抵抗。不要理會，把注意力放在其他事情上就好。告訴小我，你現在專注在其他事情上。

當痛苦的記憶湧上心頭，去找一個充滿愛的意念。試試看以下的建議：

✦想想自己愛的某個人。

✦想像你的守護天使來到身旁，用愛的羽翼將你柔柔抱起。

✦想想你最喜歡的花，想像花朵甜美的香氣。

✦提醒自己，只有愛是真實的。

分享你的能量

「原諒不等於遺忘，我只是選擇記得愛。」

靈性練習 39

雙手打開，心門敞開！

我們的手是心的延伸。心會透過手臂傳遞愛的能量，我們則用手展現那份愛。在靈氣療癒等各種能量療癒中，手是傳達能量、分享療癒的光之媒介。

在生活中，我們會用手表達心中的感受。看到自己愛的人，或是與他們相處時，我們也許會握著對方的手。在那個當下，我們的內心被濃濃的愛填滿，感覺如此親密，因為兩個人確實透過握著的手，分享了彼此內心的能量。

我們經常會下意識地用手做出一些動作。例如，想要保護自己時，你也許會反射性地雙手抱胸；緊張的時候，你會不自覺雙手握拳。你會拍手表達開心，揮手表示友好。你的雙手清楚反映出最真的自我。

當你冥想的時候，手掌可能會有不同的動作。我一直都相信掌心打開，心房就敞開，這個概念也對我的冥想練習很有幫助。

✦ 今日能量頻率 ✦

今天的練習鼓勵你了解雙手表達自我的方式。你如何透過雙手與他人互動、分享內心感受？你如何透過雙手敞開自己的心？

✦ 今天，花一點時間做冥想，你可以坐在椅子上、地板上、車子裡，或你當下所在的任何地方。

✦ 將手掌打開，放在膝蓋上。

✦ 讓掌心吸收清新的能量，並讓能量流向你的心。

分享你的能量

「我打開雙手，也打開了我的心！」

靈性練習 40

相信而領受

很多人都認為自己是獨立的個體，與身旁的一切互不相干，但事實並非如此。世界上所有偉大的靈性導師都會告訴你，你與萬物共為一體。因此，看到 11：11 這樣的靈性徵兆時，就是宇宙希望你明白，你要尋找的東西，此刻就在你身上。

過去常有人跟我說：「我要是親眼看到，我就相信！」我剛開始提供牌卡解讀服務的時候，遇過很多這種堅持「眼見為憑」的人，但是他們都搞錯了。其實，當你相信自己已經擁有，就會得到你想要的東西。

在古印度靈性經典《薄伽梵歌》(Bhagavad Gita) 中，克里希納 (Krishna) 是代表上主的主要靈性導師，他告訴主角阿朱納 (Arjuna)：

「當一個人懷抱堅定信念，全心追求目標時，我會讓他的信念與目標合一。當其信念完整合一時，就會得到追求的事物。」

你在尋找什麼？你的目標是什麼？此時此刻，答案、連結，一切的豐盛都在你心中。選擇相信吧！

今日能量頻率

今天的練習鼓勵你了解，此刻宇宙已在你心中。你的每一根毛髮、每一個細胞，以及你的存在，都與過去、現在和未來的萬物連結。

你所追尋的一切，現在都在你心中了。立刻往內在探尋，在生命中顯化吧！然後說：

「我的人生是心中意念與感受的體現。

我能夠顯化奇蹟。

我準備好相信與領受。

一切本應如此！」

分享你的能量

「我相信，然後領受！」

表　達

EXPRESS

◆ 脈輪：喉輪
◆ 顏色：藍
◆ 位置：脖子、喉嚨與甲狀腺處
◆ 元素：空間

喉輪的梵文是「Vishuddha」，有「純淨」之意。這個能量中心掌管了我們流露真實自我、表達內心情感的能力。如果以自然界比喻，喉輪就像大自然的樂音，如同鳥禽的鳴唱、狼群的長嚎，以及雄獅的狂吼。

我們在地球上的遭遇，主要取決於我們釋放的頻率、說出口與保留不說的話，而喉輪能讓我們找到最真的自己，過著坦然踏實的人生。

喉輪也與情緒自我（emotional self）有關，影響了我們如何表達情緒、壓抑多少情感，以及對自己與他人有多誠實。

在人體內，喉輪負責喉嚨、頸部與甲狀腺的健康，也與耳朵有密切關係，因為喉輪會影響我們聽見他人與被聽見的能力。

接下來的練習會引導你透過聲音和情緒表達自我，並鼓勵你對自己完全坦誠。當你擁有表達真實自我的能量，就能大幅提高振動頻率，以誠實、純潔的心和宇宙同行。

靈性練習 41

脖子健檢！

從第一個練習到現在，我們一路往上啟動各個脈輪，透過身體的能量中心提升振動頻率。接下來的重點是喉輪，代表我們自在溝通、創造，以及淨化身體的能力。喉輪掌管了頸部、喉嚨與耳朵的健康，如果要讓喉輪的能量清楚展現，就必須好好照顧這些部位。

我發現自己的脖子每天運動量都很大。我經常做瑜伽，長時間下來，我也更懂得在進入一個體位的時候，要覺察脖子有沒有過度用力，如果有特定凝視點（gazing point）的話更要注意。我發現適時放鬆頸部肌肉，讓脖子保持在自然、柔軟的狀態時，內心的創造力與自我表達能力會變得更敏銳。

在身體上，喉輪的位置與肩膀相連，而世界的重量恰好落在肩膀上。如果喉輪失去平衡，脖子會感覺往一邊歪去。今天，就讓我們放鬆肩頸、淨化喉輪的能量，給自己與真我舒展的空間。

✦ 今日能量頻率 ✦

今天的練習鼓勵你伸展、放鬆肩頸，舒緩緊繃的肌肉。

✦ 坐在椅子上，或簡單盤腿坐在地上。雙手放在膝蓋上，掌心朝下，穩定身體。

✦ 吸氣，肩膀往上聳起，靠近耳朵。

✦ 吐氣，肩膀往後繞、往下完全放鬆，與頭部拉開距離。

✦ 做幾次深呼吸放鬆頸部。搭配呼吸動作，用鼻子慢慢吸氣，同時抬起下巴往上看，接著嘴巴慢慢吐氣（發出「哈」的長音），低頭收下巴。這個動作看起來就像在緩慢地點頭。反覆做 8 到 10 次。

✦ 接著，鼻子吸氣，同時轉動脖子往左看。嘴巴吐氣，回到正面。

✦ 鼻子吸氣，這次轉動脖子向右看。嘴巴吐氣，回到正面。反覆做 8 到 10 次。

✦ 放鬆、領受。

「今天，我將世界的重量從肩頸上卸下。

我創造了能量空間，活出最真的自己。」

分享你的能量

「我在生活中創造空間，讓真我充分展現。」

靈性練習 42

訴說你的情緒和故事

表達情緒從來不容易，卻是很重要的事。我們都知道內心充滿情緒，卻無法宣洩的感受。正所謂「骨鯁在喉」，你一定知道這種感覺，對吧？如果某件事觸發的情緒，就像魚刺般卡在喉嚨，不能一吐為快，這對能量會有什麼影響？

遇到事情時，如果沒有抒發內心的能量或情緒，一味壓抑隱忍，喉輪——身體的表達中心——就會有能量阻塞的問題，我們也會感覺渾身不對勁。

喉輪能量阻塞時，可能會引發許多問題，造成生活上的阻礙，例如：

- ✦ 失去聲音
- ✦ 口臭
- ✦ 經常覺得口乾舌燥
- ✦ 說出的話被他人誤解
- ✦ 牙齒、喉嚨或牙齦出問題
- ✦ 甲狀腺出狀況
- ✦ 說出的話沒有被聽進去

你有這些困擾嗎？如果有的話，務必利用今天的練習，幫喉輪塞住的能量好好疏通一下。

今日能量頻率

今天的練習鼓勵你溫柔地表達心中的情緒與故事。如果有些話你一直悶在心裡沒說，就趁現在一吐為快。當你分享感受，就在心中創造了奇蹟發生的空間。當你讓自己從情緒中解脫，就是把愛給了自己。當你抒發情緒，就做到了愛自己。當你看見自己的情緒，你也讓自己能被看見。

如果不確定怎麼向身旁的世界開口，不妨先對自己說。誠實地與自己對話，說出心裡真正的感受。對自己誠實地毫無保留之後，就把一切交給宇宙，讓它為你引路。

「親愛的宇宙，謝謝你用支持與光包圍了我。我將這件事全部交給你。謝謝你用我能理解的方式引導我，讓我能表達內心真正的感受。能與祢、與自己、與我愛的人坦誠，感覺真好。我已經準備好訴說我的情緒和故事。」

分享你的能量

「抒發內心情緒和故事，是愛自己的表現。」

靈性練習 43

生命的呼吸

呼吸非常重要。古老的瑜伽典籍告訴我們，呼吸代表「prana」，在梵文裡是「生命能量」之意。因此，深呼吸的時候，我們也將神性的光之能量帶到身體裡。

呼吸是本能，從出生那一刻起，我們不用別人教，就知道要呼吸。我帶領瑜伽課時，常鼓勵學員記得這個道理。如果他們忘記維持呼吸，或是開始憋氣，就等於忘了身為人的自然本能。

知道自己遲到的時候，一般人的呼吸會變得急促。面臨壓力或挑戰時，很多人也會緊張地屏住呼吸。但是在這些狀況下，我們最需要的就是生命能量，最該做的就是好好呼吸。

簡單來說，呼吸能讓身體重獲新生。細胞透過呼吸獲得氧氣，生命也因為呼吸得以延續。

人體的肺活量其實很大，只是我們通常不會用到全部。多數人在壓力大時，只會用肺的上半部呼吸，生命能量因此集中在胸腔上部和喉嚨區，並沒有往下繼續延伸。

太多能量卡在一個地方時，壓力並不會緩解，反而更大了。如果能量已經在喉嚨部位堵塞，我們又透過呼吸，將生命能量帶到喉嚨，造成情況惡化，喉輪就會呈現壅塞混亂的狀態。

✦ 今日能量頻率 ✦

今天的練習鼓勵你用肺活量呼吸，將純白的生命能量帶到身體的每個角落，讓你的生理與靈性身體都煥然一新。

這個呼吸技巧非常簡單，你之後可以經常練習：

✦ 雙手放到肚子上，分別放在腹部兩側。深呼吸，將空氣帶到手的位置。感覺吸吐之間，空氣從身體進出的自然韻律。重複 8 到 10 次。

✦ 雙手放到身體兩側，貼在肋骨上。深呼吸，將空氣帶到手的位置。感覺橫隔膜隨著每一次吸氣而擴張。重複 8 到 10 次。

✦ 手指放在鎖骨上。雙手輕輕靠在胸膛。深呼吸，將空氣帶到手的位置。感覺呼吸時胸口的起伏，喉嚨充滿了生命能量。重複 8 到 10 次。

✦ 做完一輪呼吸後，你可以不用雙手輔助，直接做深呼吸，將能量帶到這些部位。將腹部、身體中段與上胸的呼吸連接起來，便是完整的瑜伽呼吸法，象徵你的身、心、靈也合而為一。

分享你的能量

「當我忘記呼吸，也忘了生命的本能。今天，我選擇好好呼吸，選擇自在的呼吸。呼吸是自然的本能。」

靈性練習 44

守護天使，你好！

從你決定來到地球的那一刻起，就有一位守護天使與你同在，全身散發純白的聖光。祂會一直在你身旁，直到你回歸宇宙中心的那一天。

天使是宇宙的心跳。對我來說，天使是宇宙之愛的延伸，並以人的形體來到我們身邊。我們與守護天使的關係，也代表了我們和宇宙生命能量的關係。

天使不想被供奉，也不需要我們跪地膜拜，祂們只希望我們在地球上過著快樂、和平的生活。

十二多年前，我遇見了我的守護天使，從此之後，我每天都會跟祂說話，或是向眾多天使分享我的禱告。天使會回應我們的禱告與意念。我發現天使**很喜歡**被感謝，不是因為祂們愛聽讚美的話，或是喜歡自己很厲害的感覺，而是因為我們感謝天使的時候，心靈就會從匱乏轉為豐盛。

今日能量頻率

今天的練習鼓勵你與守護天使聊聊。你的天使無條件地愛著你，也尊重你的自由意志，除非是攸關生死的情況，否則天使不會干預你的決定。因此，如果想感受你的天使，唯一的方法是接受天使就在身旁，並邀請祂們進入你的生命中。

你的天使深愛著你、深愛著你身上的光，這份愛每分每秒都在增長。總有一天，你會看見自己的光。

今天的練習鼓勵你留意天使在身邊的跡象。你也許會發現一根羽毛、不經意看到天使的代表數字 44，或是在聽廣播時，從歌曲裡聽到來自天使的訊息。

於準備感受守護天使臨在的時刻，用以下禱告與天使對話：

「親愛的守護天使，你好！知道祢此刻在我身旁，守護我和我的生活，真是太好了。謝謝祢讓我知道，祢會一路相伴，隨時給予支持。今天，我敞開心胸迎接祢，擁抱祢的臨在、祢的協助。謝謝祢讓我知道祢一直都在，揭示了我該知道的一切，也讓我找到祢在身旁的訊息。謝謝祢，我真心感謝祢！一切本應如此！」

分享你的能量

「我喜歡跟天使相處！」

靈性練習 45

相信直覺，找到自己

你的靈性直覺比你想像的還要敏銳。事實上，你每分每秒都在接受指引，只是有時你可能無法辨別，自己聽見的聲音是源自恐懼，還是愛。

聽到內心有說話的聲音時（特別是在冥想或禱告的時候），你也許會納悶：這是幻聽嗎？還是小我想要搞破壞？今天，讓我們透過練習，學會善用直覺，知道什麼適合自己。

你的內在住著一個靈魂，一個擁有聲音的靈魂。這個聲音是你的內在指引、你的心靈導師，希望把最好的帶給你。

小我總是在盤算。小我說話時，談的不是過去就是未來。如果你聽到的聲音告訴你，只要做某件事，就能在幾天、幾週或幾個月後看到結果，這就是小我在說話。如果有個聲音告訴你，要是你不做出某個改變、不做某件事，就會遭逢厄運，你會失敗、變得又胖又醜、被世界遺棄，這也是小我在說話。

你的靈魂永遠會以「現在式」對你說話，它的語調充滿溫柔關愛，總是帶你看見你的成長、你的美好；它也會告訴你，你其實比自己想的還要有力量。你的靈魂不一定會幫你規畫，但它會提醒你：如果你前進一步，宇宙自然會告訴你下一步怎麼走。靈魂會鼓勵你抱持信心，放手一博，它知道你的天使和指導靈會穩穩接住你。

今日能量頻率

今天，請你與靈魂來一場溫柔的對話，鼓勵它用宏亮的聲音回應你。請求天使幫助你獲得內在導師的指引，讓你能跟隨內心真正的渴望，往前邁進，實現充滿祝福與意義的人生。

「親愛的靈魂，感謝你，你是多麼棒的老師。知道你一直在對我說話，我真的開心得不得了。我也跟你保證，我總是盡全力跟隨你的指引。親愛的天使，謝謝祢們幫助我憑藉直覺，辨別靈魂的聲音，讓我能活出坦然、有意義的人生。原來，當我願意傾聽，我靈魂的聲音是多麼宏亮。今天，我已準備好傾聽，請讓我聽見那清澈、響亮的聲音吧！一切本應如此！」

分享你的能量

「今天，我選擇傾聽我靈魂的聲音！」

靈性練習 46

我的本心是我的老師

說出真心話有時候不容易，特別是擔心對方因此難過、失望的時候，說真話更是困難。忠於自我的行為，例如做自己必須做的事、為了讓自己解脫而說出真相，或是向他人坦白內心的感受，都是很深刻的靈性練習。當你忠於自我，就是掌握了內在力量，讓你的靈性能量得以舒展。

當你背離本心，便是將巨大的路障放在自己的道途上。

本心是很棒的老師，能帶你照見深層的靈性真我，讓你能好好肯定自己、愛自己，進而承認自己一直在逃避的事實。

如果你覺得必須對某個人、公司同事或任何對象說出真心話，不妨勇敢表達真實的自我，讓內心更開闊吧！

如果你擔心說實話會有不好的結果，別忘了，宇宙總是為你準備了更好的計畫。如果要往前進，你一定得踏出第一步才行。沒有人說過這條路會很輕鬆，對吧？但是，你已選擇在這一生強化靈性連結、提高振動頻率，而要做到這些，你必須先對自己、對身旁所有人誠實。

✦ 今日能量頻率 ✦

如果要向世界清楚、坦白、溫柔地表達真實的自我，首先要與自己來一場愛的對話。請告訴自己，一切都會很順利，你也擁有滿滿的支持，能勇敢做出決定。提醒自己帶著愛與關懷說出真心話，這能讓對方了解事情真相，也給予他們應有的尊重。

告訴自己，你不只是「夠好」而已。告訴自己，你是一道聖光，你過去的所有決定，都是基於當下握有的資訊、覺察與智慧。你知道這是真的，也問心無愧。告訴自己，當你毫無保留、誠實面對一切，你將得到解脫。

現在，請你帶著愛與溫柔，說出內心的話。

分享你的能量

「我的本心是我的老師。」

靈性練習 47

連通與溝通

希望到了這個階段，你對自己的溝通能力已經有更深刻的體會。在地球上，我們愈能與朋友、愛人和家人清楚溝通，就愈能與神性連通、合一。

與神性進行一場開放、深刻與充滿愛的對話，其實非常重要。當我們坦白表露內心的感受、想法、擔憂與決定，便在心裡創造了空間，讓神性能進入生命、支持我們。

我們的天使、指導靈及宇宙生命能量一直與我們同在（祂們此時此刻也在你身旁）。但是，我們必須給祂們支持自己的權利與空間，祂們才能提供支持。其雖很清楚我們的想法和感受，卻不一定能加以干涉，因為這些是屬於我們、很私密的意念，宇宙也不會違反我們的自由意志。

當你表露真心，並設定意圖，清楚知道自己正在與愛的臨在溝通，與自我本質的一部分對話，你的對話會乘著禱告的翅膀，乘著圍繞你身旁的各種神聖支持，一路飛往神性的中心。神性一定會聽見這些對話，而且在你發出愛的深刻呼喚之後，療癒、協助與支持的能量會像回音一樣，傳回到你身上。

✦ 今日能量頻率 ✦

現在就與神性來一場充滿愛的對話吧！神性在你心中的模樣並不重要，「祂」可以是某一位聖人、揚升大師、天使、聖靈或宇宙，只要你心裡知道，祂隨時願意傾聽、給予支持。

宇宙永遠都樂於給你更多幫助。今天的練習請你敞開心胸，了解神性是你最完滿的愛、最好的夥伴，也是最實在的朋友。以真誠的心和神性對話，分享你的擔憂、抒發你的感受、宣洩你的情緒，然後放鬆自在地呼吸。

「親愛的宇宙，
感謝你給我的愛與支持。感謝你此時此刻清楚聽見我的聲音，
感謝你用愛與光的溫暖潮水，柔柔洗去我心中的擔憂。
我知道你是我最棒的朋友、夥伴，也是最完滿的愛。
此刻，我接受你的愛與支持。
謝謝你，謝謝你，謝謝你！」

分享你的能量

「宇宙是我最棒的夥伴，最偉大的愛與支持！」

靈性練習 48

振動的聲音

聲音是充滿能量的元素，音樂更是觸發奇蹟的媒介，讓我們與更深層的自我連結。當我聽說人類的心跳頻率會呼應聽到的音樂，隨著節奏變化時並不意外，因為我相信音樂就是愛的語言。

當你聽著音樂，感覺靈魂被深深觸動，當下的振動頻率一定非常高。當你跟著喜歡的音樂舞動身體，或是冥想、放鬆，又或者什麼都不做，只是用心聆聽動人樂曲，不只心臟會與音樂的節奏同步，你靈性的心也會敞開，領受更高頻的振動能量、療癒與靈感啟示。

帶領靈性療癒課程時，我常會放一首充滿力量的歌來打開大家的心。這首歌就是由露辛達·德雷頓（Lucinda Drayton）演唱的〈A Hundred Thousand Angels〉。在我的經驗裡，這首歌總能帶來滿滿的愛與療癒，讓人完全敞開自己、擁抱神性。每次聽到這首歌，我都會覺得內心有什麼打開並綻放。

我記得在「身心靈健康節」（Mind Body Spirit Festival）聽到露辛達現場演唱的場景，那時是 2011 年 11 月 11 日的上午 11 點 11 分。她一開口，我的心便毫無保留地全然敞開。我當時站在看台上，眼前還站了幾千人，照理說我應該要專心想著創造空間，讓光進入心中，但當我聽到露辛達唱這首歌，感受到她深刻溫柔、真摯的情感，強烈的情緒突然湧上心頭，眼淚幾乎要潰堤。

好啦，我沒有真的痛哭流涕，只是在那個當下，我心中的空間足以讓宇宙之愛進入。當下，我讓神性之愛填滿我的全身，與我一起流動。那次之後，我就決定要透過音樂打開心靈，讓神性之愛成為生活的一部分。

今日能量頻率

今天的練習鼓勵你尋找那麼一首歌，一首讓你的心感覺很滿，滿到要炸開來的歌。哪一首歌讓你覺得解脫、赤裸，感覺與超出人類理解的愛連結？找到那首歌，用你的電腦、手機、音響或任何酷炫設備播放出來，讓音樂的旋律帶你深入心底，找到那份愛。

如果你感覺眼角開始泛淚，請任憑眼淚滑落，因為於此同時，充滿光的生命能量正蔓延至你的全身。深呼吸，告訴自己，你已經與更偉大的存有合一。

分享你的能量

「音樂讓我的心全然敞開，歌頌那永遠不滅的愛。」

靈性練習 49

一路「唵」回家！

在許多東方信仰體系裡，太初之時，就有了宇宙創生的根本音「唵」(讀作嗡)。「唵」不只是一個聲音，而是一種貫穿全宇宙的振動，也是終極生命能量的起點。

正因如此，瑜伽、冥想與正念課程經常融入「唵」的唱誦，也許用意是依循傳統或實踐靈性教義，但「唵」也能作為靈性媒介，幫助我們與更偉大的存有連結。

吟唱「唵」的時候，我總感覺有一股和諧的振動穿過身體的中心。我彷彿在唱著創生之歌，頌揚歷史上所有偉大的聖賢先知與靈性導師。

在東方靈性聖典中，經文都以「唵」開頭、以「唵」結束，廣為人知的古印度經典《吠陀經》與《奧義書》（Upanishads）即是二例。

我幾年前開始對唱誦產生興趣，後來為了修習瑜伽和冥想，多次造訪印度之後，我更能體會「唵」的真諦，讓身心靈與之共鳴。

吟唱宇宙原音「唵」時，我們也或多或少體認到，自己是廣大生命之流的一部分。

今日能量頻率

今天，讓我們一起唱誦「唵」。

當你詠唱「唵」，便進入了宇宙的振動，讓它流經你的身體，帶你與現在、過去與未來的一切人、事、物、時空連結。

當你詠唱「唵」，你的脈輪便開始轉動，神性連結開啟，你的振動頻率也提升到神性的那端。

當你詠唱「唵」，你便回到天上，接著在地球上創造天堂。

現在，請你深呼吸，然後唱誦：「唵——」。

盡量拉長聲音，體會那股與現在和未來的一切連結的感覺。

如果要更習慣「唵」的吟唱，不妨在開車或自己一個人的時候練習一下。無論是去做瑜伽、工作或回家的路上，我都一路「唵」、「唵」、「唵」，引導自己的身體進入萬物一體的振動頻率。

分享你的能量

「『唵』是萬物一體的能量振動。」

靈性練習 50

清楚的意圖

你的聲音充滿力量，也被聽見了。即使你有說話困難或聽力障礙，請務必知道，你的聲音有力又響亮，也已經被神性聽見。

這裡的聲音不只是從嘴巴發出的聲音，也包含你心裡的意圖。你的每一個意圖都會傳送到宇宙，之後像回力鏢一樣回到你身上，如果你專注的力道非常強烈，效果又更為明顯。因此，你應該想著自己喜愛、渴望的事物，而不是害怕的事情。你必須清楚知道自己想要什麼。如果你想在紙上或心裡列出自己想做的事，當然很好，但是，如果過去的經驗告訴你，這些事最後只會成為「未完成的遺憾」，那麼就該做出一些改變。

你的身上有無窮無盡的靈感和光芒。不過，如果你覺得某個目標或理想太過不切實際，你很可能也不會實現。奇蹟或顯化其實沒有大小之分，除非你心裡已經認定，否則沒有什麼是不可能的。如果想到某個夢想的時候，你發現意圖的力量減弱了，這個夢想也很難化為現實。

今日能量頻率

今天的練習鼓勵你釐清自己的意圖。你渴望什麼樣的人生？你覺得自己能真正達成的是什麼？唯一限制你的，就是你接受奇蹟的能力。今天，請鼓勵自己跨越過去的限制，進入一個充滿無限潛力的空間。

想一想你期望顯化的目標，心裡要清楚知道，這些意圖是務實的，也在你的能力所及範圍。請你了解，自己有將理想化為現實的能力。

「我有被聽見的權利。
宇宙會傾聽我的意圖。
今天，我選擇清楚表明自己的渴望。
我有能力創造奇蹟。
我選擇展開雙臂，歡迎奇蹟到來！
一切本應如此！」

分享你的能量

「宇宙永遠都在聆聽。我設定了清楚的意圖。」

看 見

SEE

◆ 脈輪：眉心輪（第三眼） ◆ 位置：額頭正中央
◆ 顏色：靛藍／紫 ◆ 元素：空間

眉心輪的梵文是「Ajna」，意思是「感知」或「知覺」。這個靈性能量中心與內在之眼（inner vision）有關，能幫助我們開啟靈視力、看見我們想創造的願景（vision，個人憑藉直覺或靈感啟示而看到、感應到的景象）。如果以大自然為比喻，眉心輪就好比宇宙生命力，或是穿梭在所有生命體之間的能量流，讓當下存在的一切彼此相連。

眉心輪與頭部、眼睛，以及內心發生的一切相關，主導了我們看世界的視野，以及詮釋生命經驗的角度。

外在世界所見的一切，其實都是內心意念的投射。因此，在接下來啟動眉心輪的練習中，你會學習轉換心境，放下恐懼、擁抱愛。你也會體悟到，正念就是花時間去看見、理解當下內心的一切。

靈性練習 51

做個「白日夢冒險王」！

小時候在學校，大家都知道我經常發呆、做白日夢。我可以在位子上坐好幾個小時，什麼都不做，就只是四處神遊——我的老師當然不太開心，覺得我老是心不在焉。也許在旁人眼裡，我什麼事都沒做，但他們不知道，我在自己的想像世界裡玩得可開心了。

直到現在，我還是會幻想各種精彩有趣的冒險。有時候，即使我的眼睛是打開的，也不一定會看見身旁發生的一切，因為我已經跑到九霄雲外，展開自己的奇幻旅程了。

我認為做白日夢是讓內在之眼覺醒、發展的關鍵，因為做白日夢時，你讓第三眼有機會打開。在靈性身體結構上，第三眼能幫助你與天堂、天使、指導靈連結，甚至開啟你顯化的能力。

如果你小時候因為做白日夢，被老師或父母責罵，可能會覺得做白日夢只是浪費時間，沒什麼好處。透過今天的練習改觀吧！請你明白，做白日夢其實是一種奇蹟，也是很強大的工具，能帶你前往意識的最深層，強化內心深處的意念，讓它在生活中更清楚地顯現。

你的心中藏有創造奇蹟的能力。記得嗎？奇蹟是一種感知的轉變。面對一件事，能去想最好的結果，而不是做最壞的打算，就是奇蹟。與別人鬧翻時，你並沒有想像自己朝對方臉上揍一拳，或是拿對方來射飛鏢，而是透過觀想，看見他們被療癒的光環繞，那個當下就是奇蹟。

你能讓奇蹟發生，你值得擁有奇蹟。現在，請你創造奇蹟。

✦今日能量頻率✦

今天的練習鼓勵你做個「白日夢冒險王」。空出時間天馬行空地幻想，展開一段小小冒險。張開或閉上眼睛都可以。你可以將白日夢獻給他人，想像所有你愛的人或同事受到天使的幫助與支持。你也可以想像自己投入喜歡的運動，或是在腦中重現兒時回憶或童年樂趣。不管你選擇「夢」什麼，這件事都應該讓你覺得充滿活力。隨著你的白日夢景象愈加清晰，你的靈視之眼也會看得更清楚。

為了幫助你放鬆神遊，不妨先透過以下的意圖，釋放對做夢的舊有觀念：

「做夢是我的靈性自由。
我給自己天馬行空想像的充分權利。
我的心是創造奇蹟的媒介，
今天，我選擇讓它展現自我、盡情揮灑。
在我的夢裡，我充滿無限的潛能。
我讓那份自由蔓延到生活的每個角落。
做夢讓我的內在之眼得以綻放。
我是個夢想家，這真是太棒了！」

分享你的能量

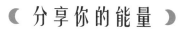

「做白日夢讓我與奇蹟有更強的連結！」

靈性練習 52

內心之所視，外在之所見

你在內心世界看到的一切，與外在世界的經歷息息相關。你應該用溫柔與愛，創造對自己有幫助的想法、夢想或念頭。

這麼做並不是要主導宇宙的運作，而是學習後退一步，放心讓宇宙支持你。

我們之前提過，你心裡的每一個想法、願景、夢想和感受，都會影響周遭的能量波動。你是否有過這種經驗：一件事出了差錯，你因此心情很差，然後你一直想著這件事，結果衰事開始接二連三發生？

在這種徬徨、沮喪及思緒混亂的時刻，你更需要仰賴內在之眼，讓它幫助你看清一切。

今日能量頻率

今天的練習鼓勵你選擇對自己有幫助的意念、情緒和想像，塑造內在之眼看到的景象。請知道，你心中的每個願景，都會傳送到宇宙，形塑下一個生命經驗。

如果今天內心冒出的願景、意念或情緒對你沒有幫助，你可以說：「我把這個意圖取消，用愛取代！」接著想一件讓自己開心的事。

我們都會犯錯，內心的想法當然也有走偏的時候，但是請記得，你隨時能加以改正，重新設定意圖。

分享你的能量

「外在世界是我內心意圖的體現。」

靈性練習 53

「我已經準備好看見」

很多人會說，只有天生有「慧根」的人，才能看到天使、通靈，或是開啟靈視力。這其實是小我捏造出來的假象，因為大家都希望自己是萬中選一、最特別的。

但是事實上，我們都是獨一無二的存在，都具有靈性慧根，因此沒有誰比較特別、誰比較有天分。每個人的天賦也許不同，天生擅長的事情也不一樣，但是所謂的「靈性菁英主義」不過是個迷思。

看見靈魂本來就是你的靈性權利，因為**你就是靈魂**。身為一個在生命體裡的靈魂，你當然能認出最真實的自我，與它連結，也能發展看見自我靈體的能力。

如果你準備好透過靈魂之眼看見，你希望覺知自己的指導靈、天使或任何靈性力量，一定要先願意看見、接受自己的光。當你體認了自己的真實本質，肯定你靈魂的美好，靈性之眼便會打開、綻放。

今日能量頻率

今天，請你了解到，你是棲居在一個身體裡的更高能量。你是擁有人類生命經驗的靈魂。

✦ 走到鏡子前，與鏡子裡的自己對望。

✦ 看見你眼裡的光。

✦ 看見那雙眼睛背後，有著永恆不滅的愛。

✦ 用柔情的目光注視那雙眼睛，知道它們映照出你的靈魂。

✦ 準備好的時候，設定心中的意圖：

「我已經準備好看見自己靈魂的光。
我已經準備好看見真實的自己。
我已經準備好看見所有人身上的光。
我已經準備好看見了。
一切本應如此！」

✦ 享受這個當下。做幾次深呼吸，知道你的內在之眼已經有所蛻變。

分享你的能量

「看見我靈魂的光，是我的靈性權利！」

靈性練習 54

喚醒超感知力

感知影響了一切。我們從前面的練習了解到，看待事情的心態，會影響接下來的遭遇。此刻的你已經準備好開啟靈視力，看見神聖的願景。

第三眼（眉心輪）位於額頭正中央，這裡也是內在之眼打開的地方。眉心輪的梵文名稱是「Ajna」，意思是「知覺」。印度靈性經典常把眉心輪比喻為一座橋，能幫助學生與上師（guru）連結，也讓我們能與內在導師連結。

當你將注意力放在身體的某個部位，就會往那個方向傳送能量。因此冥想時，如果將意念集中在額頭中心，大約眉毛上方的位置，就能將能量流帶到第三眼。

眉心輪的練習對於強化靈性感知非常重要，因為在過程中，你體認到自己神性的一面，喚醒了可能已沉睡多年的第三眼。如果你想透過靈視看到更多、更清楚地觀想，並開啟與另一端的連結，接下來的練習會是一大重點。

✦ 今日能量頻率 ✦

今天的練習鼓勵你將注意力帶到第三眼。在短短的冥想中，將你的覺察帶到眉心之間，讓神性的能量自由流入這個空間。

一般來說，最好的冥想方式是坐在椅子上，或盤腿坐在地上。如果你覺得採取坐姿時，很難將注意力帶到第三眼，不妨試試看躺下來，然後在額頭上放一個輕重量的小物。我們在印度練習這個方法時，額頭上放的是一盧比硬幣（而且我們其實是坐著冥想，所以還得學會怎麼讓硬幣留在額頭上，不掉下來），但是我建議你用自己喜歡的一小塊水晶，放戒指也可以。

✦ 決定進行冥想的方式後，採坐姿或躺下。

✦ 讓呼吸變得平穩、深沉。如果你選擇平躺，可以稍微收緊肚子，保持太陽神經叢輪的能量集中，才不會不小心睡著。

✦ 想像每一次吸氣時，一道聖潔的白光流經你的全身，最後停留在眉毛之間的位置。

✦ 如果想練習培養靈視力，這時可以在心裡默念或大聲說：

「我每一次呼吸，都將宇宙的光帶到了內在之眼！」

✦ 根據自己的需求，想要冥想多久都可以。我建議一開始先設定 5 至 10 分鐘，習慣靜坐冥想之後，你也可以拉長時間。

分享你的能量

「我已經準備好感受內在之眼了。」

靈性練習 55

全知之眼

大部分的脈輪長得像一個漩渦或轉動的輪子，但是第三眼非常特別，因為它的形狀就像人的眼睛。

在印度教、佛教等東方宗教藝術作品中，許多神明的眉毛之間都繪有第三眼，這隻眼睛通常不是全開的狀態。你其實可以控制第三眼的開闔，但是它平常也會自然地張開或閉上。

你的眉毛之間當然沒有多一隻眼睛，但眉心輪的能量賦予了它眼睛的形狀，讓你能直視第三眼的深處，與它連結，甚至開啟第三眼的能力。

在我自己的靈性成長路上，看見第三眼中心是讓我又驚又喜的一個里程碑。我能感覺它一直在呼喚著我，想引起我的注意。我從小就常在紙上畫眼睛，過去也長年有頭痛的問題，而疼痛的位置就在頭部正中央。

✦ 今日能量頻率 ✦

今天的練習鼓勵你注視自己的第三眼中心。練習的方式有很多種，如果你是「視覺型」的人，不妨從冥想開始引導自己。如果你創造力滿滿，可以用繪畫的方式展現你的第三眼，賦予它具體形貌。

建議你試試看以下冥想。這個練習能帶你深入感受第三眼，進而與內在之眼和靈視能力更靠近。

✦ 布置一下空間，讓自己感覺舒服、放鬆。你可以放一些水晶、點幾根蠟燭。憑藉內心的直覺去布置。

✦ 從靜坐開始，做幾次深呼吸，集中注意力。

✦ 接著設定心中意圖：

「神性、聖潔的 Ajna，我的第三眼、眉心輪，我的靈視，
我已經準備好覺醒。
我已經準備好感受真實的自我。
謝謝你向我顯現你的真實本質，讓我了解如何更愛你、
更好地照顧你。我知道你是我神性的一部分。
過去我幾次忽視了你的提醒、指引，以及你分享的願景，
實在對不起。今天，我已經準備好改變。
我準備好完全擁抱你的光，我願意透過你看見。
此刻，我選擇看見我的第三眼。」

- ✦ 深呼吸，閉上你的雙眼。
- ✦ 觀想你的第三眼中心。它長什麼樣子？什麼顏色？是豎著長的，還是像人眼一樣橫著長呢？第三眼裡有任何東西嗎？是什麼讓你看見了它？
- ✦ 準備好的時候，感謝第三眼讓你看見它。
- ✦ 打開你的雙眼。
- ✦ 記下你領受到的一切。
- ✦ 接著起身結束練習，用清晰、全新的視野享受美好的一天。

分享你的能量

「我的內在之眼是我神性的展現。」

靈性練習 56

正念宣言

正念（mindfulness）是打開內在之眼的關鍵。近年來，正念練習在全球蔚為風潮。很多人以為正念就是讓大腦安靜下來，什麼都不想，但是正念的意思其實是覺察當下的念頭與感受。正念練習通常從一件小事開始：你的坐姿。坐得自在、舒服，才能提高正念覺察力，深化與內在之眼的連結。

找到舒服的坐姿後，便開始觀察自己的心。你一定會開始想事情，而且想法一個接著一個，不斷轉換：要買的東西、害怕的事、複雜的情緒、厭惡的感覺、溫暖的感覺、身上穿的衣服等。當你坐下來冥想時，什麼千奇百怪的念頭都有可能出現。

與其努力克制自己不去想，我們選擇去承認這些念頭存在，這就是正念。當一個念頭出現，讓你覺得能量受到干擾，或是偏離了冥想的焦點，你可以選擇看見它，然後做出改變。

但是，如果你被雜念拉著走，開始告訴自己：「唉，我做不到！我的心就是靜不下來。」你的正念練習當然會跟著卡關！

今日能量頻率

今天的練習鼓勵你找到自己的正念宣言。不妨在一天當中安排幾次休息時間，舒服地坐下來，或是一邊散步也可以。讓你的心完全敞開，任思緒自由來去。

每當雜念或回憶浮現，讓你的心飄走時，用肯定語告訴自己：「今天，我選擇用心覺察。」

你也可以加上更多具體的事物，例如：

「今天，我選擇用心體察生活中值得感恩的事。」

「今天，我選擇用心欣賞美麗的藍天！」

「今天，我選擇用心覺察心中的恐懼，然後用愛的意念取代！」

抓到訣竅了嗎？親愛的，現在就請開始正念生活吧！

分享你的能量

「正念是選擇覺察心中的念頭與感受。」

靈性練習 57

為心靈按摩吧！

你喜歡按摩嗎？當我運動量比較大、因為長途旅行而舟車勞頓，或是長時間坐在書桌前（這些事都滿常發生的），感覺身體僵硬的時候，我特別喜歡預約按摩。

按摩後也許會短暫痠痛，但是全身緊繃的肌肉得到舒緩、身體的「氣結」被打開，感覺真的很棒。我喜歡芳療師的手按壓肌膚的觸感，每次的推壓、揉按，彷彿都為身體注入了宇宙的神聖能量，療癒了每個細胞。

做完高強度瑜伽之後，我也喜歡在泡澡時或洗澡後，用精油為自己按摩，讓肌肉放鬆一下。

將精油推進皮膚裡的滋潤感受，讓我覺得倍受呵護，得到自己值得的寵愛。

我們的心也喜歡按摩。它和身體一樣，需要釋放積累的壓力、鬆開糾纏的心結。它也喜歡被溫柔地照顧、好好地疼愛。

心是非常神奇的空間。我喜歡把心視為禮讚神性的聖壇，不過除此之外，心也是我們規畫未來、懷想天使、列出購物清單，以及表達感受的地方。

你的心是美好的奇蹟。今天，幫你的心按摩一下吧！

✦今日能量頻率✦

每一次的冥想練習都是心靈按摩，當你花短短幾分鐘靜心呼吸、觀照內心、正念覺察，並打開內在之眼，你的心靈也獲得放鬆。觀想與禱告也是按摩心靈的好方法。

今天的練習鼓勵你召喚守護天使，請祂引導你好好地為心靈按摩。你可能會想在禱告後躺下來小睡，因此睡前片刻或是你剛好有休息空檔的時候，就是練習的最佳時機。

首先，請你向自己的心禱告：

「親愛的心，謝謝你今天花時間放鬆休息。
我知道有時候你真的好忙、好累，壓力好大。
現在，我鼓勵你好好休息一下，做個療癒舒緩的按摩，
把對你沒有幫助的能量全部排掉。」

接下來，請向祢的守護天使禱告：

「親愛的守護天使，謝謝祢帶著聖光與療癒之手前來，為我的心溫柔按摩。請祢用療癒、關懷、愛的光芒填滿我的心。
謝謝祢帶走了所有恐懼與限制，謝謝祢用平靜與愛的能量取代。
現在，我已經準備好放鬆享受，將我的心交給祢呵護、按摩。
一切本應如此！」

花點時間放鬆，你可以小睡一下或關燈睡覺。別忘了，你的天使將一切都照顧得好好的，你的心被天使支持著、愛著。

分享你的能量

「我讓光之天使好好按摩我的心！」

靈性練習 58

天使之眼

有一句話我一直記在心頭，內容很簡單：

「想看到天使，自己要先成為天使！」

正所謂知易行難，但我相信只要秉持善良、寬容、關懷的心待人，我們就能感受到天使，拉近與祂們的距離。

無論種族、信仰或膚色，每個人都是具有神性、平等的存在。

天使對大家一視同仁，但天使也能看見我們最真的一面。祂們能看到我們的靈魂或靈體，也就是我們身上永恆存在的愛。我們不一定能在自己或他人身上看到這份愛，而且面對讓我們頭痛、疲於應付的人，連好好相處都是問題。我們也不一定能看到別人最好的一面，對方是陌生人的話又更困難，因為我們不認識他們，也不會主動發掘他們的光。

相比之下，天使總是看到每個人身上的美善，看到所有人內在的靈魂。祂們會發掘我們充滿愛的本質，也會鼓勵我們擁抱真實的自己。

從你出生的那一刻起，天使就看見了你的光，也等著你發現身上的光。當你看見自己的光，進而看到別人的光，你便開啟了神聖的靈性之眼，也創造了能量空間，讓他人能發現自身的奇蹟之光。

今日能量頻率

如果你準備好喚醒內在之眼，一定要先提高靈視的振動頻率。因此，今天的練習鼓勵你透過天使的視角去看見。

無論你今天身在何處、到了哪裡、做了什麼事，不管你看見的人是誰，他們正在做什麼事，請你肯定每個人的內在都有一個靈魂，一個等著發光的靈魂。

如果你能看見那道光，他們的能量會提升到更高的振動頻率，你自己也會進入一個充滿智慧、慈悲與愛的空間。

分享你的能量

「我準備好看見全人類身上的光了！」

靈性練習 59

知識之燈

在研究內在之眼的時候，我讀到一句出自《聖經》的話，覺得非常有共鳴：

「眼睛就是身體的燈。你的眼睛若透亮，全身就光明。」
（馬太福音第 6 章 22 節）

第三眼有如一盞智慧之燈，能幫助你擁抱自己的光體，與之合一。你的光體即真實的你，也是你的靈體。當你能真正看見、理解、擁抱內在的光，看似與你分開的一切都將回到你身上。

透過研讀《譚崔》、《吠陀經》與《奧義書》等印度靈性經典，我了解到第三眼是最神聖的脈輪，因為全身的靈性能量都在這裡匯聚。陰陽能量也在第三眼交會，創造融合一體之感，並與靈魂連通。也因為這樣，我們能從這個空間感受靈魂能量、振動能量及神性。

我想說的是，當我們修復了其他脈輪（也就是過去 50 多組練習所做的事），靈魂本我與神性的能量便能自由流往「靈性身體」的每個角落。

之前有提到，能量從脊椎底部的海底輪開始，沿著「中脈」一路往上，經過其他脈輪，而分別代表陽與陰的「右脈」與「左脈」，會彼此交錯而上，經過六大脈輪，最後在第三眼中心會合。

能量透過脈輪往上流動

✦ 今日能量頻率 ✦

點亮智慧之燈的時刻已經來到。今天，請你透過禱告設定意圖，啟動你的第三眼中心，來接觸內在的能量振動，進而擁抱、表達這股能量：

「親愛的宇宙，感謝你讓神性能量在我的靈性身體裡流動，
在我的第三眼中心交會合一。知道自己逐漸打開了內在之眼，
進入新的靈性發展階段，感覺真好。
此刻，我已經準備好開啟內在之眼，感受清晰的靈視。
親愛的宇宙，感謝你讓天使、指導靈和許多支持進入我的生命，
幫助我欣然擁抱內在之眼。
能夠相信自己神性、神聖的一面，感覺真好。
我已經準備好清楚看見，謝謝你在一旁引導我！」

請你明白，這些日子以來的靈性修持，已經讓你的振動頻率大幅提升。從現在開始，你花愈多時間投入靈性練習，你的內在之眼就愈透亮，智慧之燈就愈光明。

分享你的能量

「我選擇清楚看見內在之光！」

靈性練習 60

打開你的第三眼！

脈輪是很神奇的空間，會感應周圍的能量而自然開啟或關閉，也會與你及生活節奏一起連動。在第三眼的部分，你可以選擇何時打開、何時關上，因此能依照自己的需要放鬆心靈或保持專注。

第三眼開啟時，脊柱上的所有靈性能量都會往上流動，在第三眼交會，賦予你靈性力量與看見的能量。當你打開第三眼，感覺就像戴上了「靈性太陽眼鏡」，能用靈視力去看見。

我非常建議做靈性練習時，花點時間靜坐、打開第三眼，這個過程能幫助你習慣它的脈輪能量。對很多人來說，這個練習會激起強烈的情緒，同時帶來解脫、自由。如果你曾看見願景與夢想，卻不被允許表達，你的感受將更為深刻。你感到情緒翻湧，因為被塞進這個空間的過往恐懼與創傷，都被完全釋放。你感到輕飄飄的自由，因為你實現了更深層的自己，也看見了被遺忘多時的東西。

自從我開始活動第三眼，任它自由開啟、徹底展現之後，我擁有的體驗不只觸發滿滿情緒，更超越了人類感知。在冥想過程中，我透過靈視看見了天使、聖人與揚升大師，我也看見恐懼和創傷離開了我的身體。

最讓我印象深刻的一次，是看到以前的每一位老師用手指著我。小時候，如果我上課放空、做白日夢，老師就會對我大吼，要我專心一點。他們會一邊罵，一邊用手指著我眉毛之間的位置。我當下總會覺得非常不舒服，好像他們真的弄痛了我。直到今天，我都不喜歡有人用手指著我。我相信憤怒的能量是能被覺察、吸收的，而脈輪具有靈性直覺，對於能量又更為敏感。那次的深度冥想，讓我終於從學生時期的記憶中解脫，釋放了往事的負能量。

你的第三眼脈輪也許藏有過去的瘡疤或恐懼，這些回憶可能阻礙了你去看見、去領受聖愛的能力。為此，你更要學習綻放第三眼。

✦ 今日能量頻率 ✦

今天，請你空出一些時間，練習打開、淨化你的第三眼。下面的步驟看起來也許很普通，但是效果可能出乎意料地好，如果你之前都有依照書裡的方法練習，想必會有很棒的收穫。

✦ 準備好之後，找一個能安心釋放任何情緒的空間，舒服地坐下。

✦ 設定心中的意圖：

「親愛的宇宙生命力，謝謝你讓我處在一個受保護的空間。

我已經準備好喚醒、開啟我的第三眼中心。

親愛的光之天使，感謝你除去了一切的阻礙、創傷和恐懼，

讓我能與內在之眼連結。

我已經準備好在靈界、在靈性的層級上看見。

我已經準備好領受天堂的聖愛。」

✦ 閉上眼睛，進入舒緩放鬆的冥想。

✦ 透過想像或觀想，看見眉毛之間的第三眼張開。你可能會看到一隻眼睛打開，或是看到一個發光的門口。(只要感覺對了，都是好的。)

✦ 感覺你的能量不斷提高、不斷提高，你將成群的天使與天堂之愛吸引到身邊。

✦ 在這個空間停留，想停留多久都可以。覺察任何被釋放的東西。宇宙會為你接住一切。好好放鬆，讓靈視力重新聚焦。

分享你的能量

「我相信我的內在之眼！」

覺知

AWARENESS

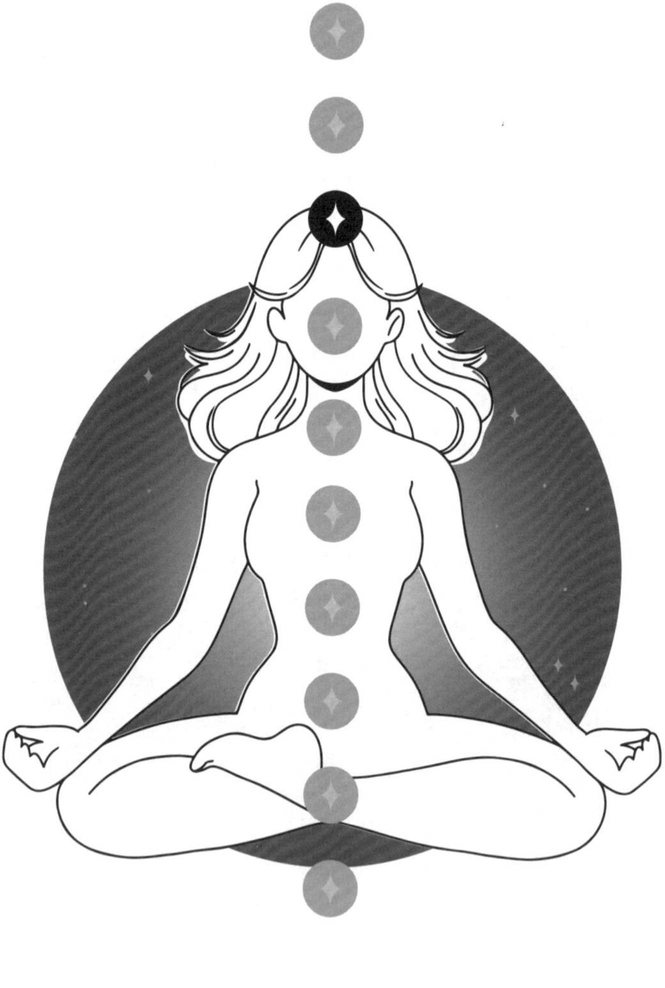

◆ 脈輪：頂輪
◆ 顏色：紫羅蘭／白
◆ 位置：頭頂正上方
◆ 元素：全部

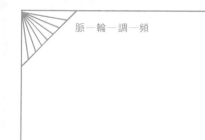

頂輪的梵文是「Sahasrara」，字面意思是「千片花瓣」，代表頂輪就像一朵有千片花瓣的蓮花，散發無窮盡的能量。頂輪掌管我們的靈性連結，能作為與神性互動的媒介，並幫助我們理解神性體驗。如果以大自然為比喻，頂輪就是創生之力，是化育土壤、雨水、日光與空氣的能量，也是當下存有的萬事萬物。

頂輪能助我們發揚與神性的連結，以及對世界的歸屬感。我們花愈多時間投入深度冥想、靈性修持、接受真實的自我，頂輪愈能完全打開。這個能量中心也掌管了我們的大腦、記憶力、學習能力、情緒管理能力，以及對靈界的覺知力。

在接下來的練習裡，我們會學習開啟頂輪，讓這一千片蓮花瓣綻放，進而創造療癒能量，化解在神性、靈性連結上遇到的一切阻礙。

靈性練習 61

沒有分離，只有愛

你在靈性成長的路上已經有長足的進步！如果以開車比喻，你現在剛從第五檔換到更有力的第六檔，你的能量振動和宇宙的頻率更加調和。

看見自己的靈性練習持續進化、靈性覺知更加敏銳，當然值得開心，但也別忘了支持你前進的根本力量：你是世上一道燦爛的光，而且宇宙很感謝有你存在。無論身在何處，你總是如此閃耀，充滿正能量，但是記得告訴自己，身為光行者的你不是獨自一人，你是受到支持的。

你曾經深陷恐懼、面臨失去，你曾經與摯愛的人硬生生分離。這些人生課題並不容易，也讓你體會到別離的痛苦。然而，即使你曾經如此難受、心痛，分離不過是短暫的假象。

感覺與他人分離、感到茫然無助，都只是假象，因為這種感覺並不是愛。只有愛是真實的。那些你在地球上失去的人、從你生命中淡出的人，其實從未離去，一直在身旁。

如果此刻你能閉上眼，想像浩瀚無邊的宇宙，看美麗的繁星在夜空中閃爍，你會發現這些星體其實互相連結，因為它們共享了宇宙。它們是獨立的個體，卻也共同構成了宏偉壯麗的宇宙。

你的本質也是如此，你是美好聖光的一部分，而你此刻的存在，更為宇宙添了一分美麗。

如果你近來常覺得迷茫、與世界格格不入，請你明白，這只是陳舊的能量從內在升起，接著離你遠去，好讓你用美善的意念、感受、記憶與肯定語填補，與真實的自我相互輝映。

今日能量頻率

「我是宇宙神性的一面。

知道自己從未與愛分離，感覺真好。

我心中的愛，讓我與所有我愛的人連結。

我喚醒了心中的某個記憶，感覺與此刻存在的萬物為一體。

親愛的宇宙，感謝你讓我了解，我與愛之間並沒有時空的隔閡，

也沒有距離的限制。因為，我即是愛。」

分享你的能量

「我是浩瀚宇宙、宏大能量的一部分。我就是宇宙！」

靈性練習 62

感受生命力

生命力在你的血液裡流動，穿過身體裡的每個重要器官。它在地球上的花蟲鳥獸之間穿梭，在此刻存有的萬事萬物間移動。生命力充滿力量，既奇幻又真實，它是你與愛、智慧、天使、療癒以及宇宙的連結。

生命力就在你身上。你值得察覺它，你的生命此刻仰賴著它。感受到生命力是再自然不過的事，有時候你會需要一點想像力幫忙，但生命力確實存在，你也能善用這股在體內奔流的韻律與波動。

如果你看過電影《阿凡達》(沒看過的話，請你一定要去看)，你也許記得在潘朵拉星球上，有一股細微的生命力在所有阿凡達、花草、鳥獸與大地之間流動，並與主宰萬物的力量「伊娃」(Eywa) 連通。這個概念其實類似於靈媒看到的世界，我們做冥想練習時，也能感受到這種萬物一體的連結。

在培養對生命力的覺知上，有幾個方法對我幫助很大，其中一個是覺察自己的呼吸。在瑜伽裡，呼吸代表「prana」，也就是生命力。我決定要更專注在呼吸上，特別是在冥想、做天使牌卡解讀，以及做瑜伽的時候。現在，我能清楚意識到，當我吸入空氣，我也吸入了周圍的 prana、周圍的生命力。

我也讓自己去想像，看見這股生命力在我遇見的所有人身上流動。我會一邊看著我的貓，一邊問自己問題。例如，「如果雷夫（Ralph）的生命力現在能被肉眼看見，它會是什麼樣子呢？」我接著會在腦中想像、看見，也讓眼睛發展對生命力的覺知。

我相信只要用對方法，想像力能為開啟靈性覺知的大門。

今日能量頻率

請了解到，你今天看見的每個人、每個東西，都有生命力在其中流動。如果你覺得觀想或看見很難，別擔心，你也能夠感受它。

對於你今天看見的每一個人、每一隻動物、每一株花草，請對自己說：「這個〔人／動物／植物〕身上有生命力在流動，我願意看見它、感受它！」

你對生命力的存有愈加肯定，愈能與身旁的自然力量連結。

分享你的能量

「芸芸眾生之間，有生命力流動穿梭。」

靈性練習 63

蛻變的靈魂

你的靈魂是你最純淨的一面，代表了你的光體、靈體、高我（higher self），甚至是你的「真我」。靈魂的覺知力比身體敏銳，而且乘載了你能汲取的記憶與資訊。

當你的靈魂開始蛻變、轉化，不代表你得就此放棄對外在世界的覺知意識，也不代表你要開始學習如何騰雲駕霧。其實，你花愈多時間覺察自己的靈魂、感受它的存在，就愈能感覺靈性的完滿、合一與成長。

此時此刻，你的心靈確實感到完整合一。你開始體認到，愛是世上唯一真實的存在，一直以來你感受到的也都是愛。同時，你也以人類的形體展開地球旅程，努力運用自身的知識和資訊，拿出最好的表現、展現最棒的自己。

你之所以受到療癒和天使吸引，渴望提升振動頻率，是因為你的靈魂有了表達自己的機會。當你遇見和自己默契十足、志同道合的人，會感覺靈魂被清楚地看見。

你體會過動人的療癒力量，而今也來到了靈性道途上的一個里程碑。你的內在已經有深刻的轉變與成長，而宇宙正與你一同慶祝。

✦ 今日能量頻率 ✦

今天的練習鼓勵你看見內在靈魂的成長，肯定你將全新的覺知帶入生活。

花點時間靜坐，告訴自己：你比過去任何時刻都還要正向積極，比過去任何時刻都更能用心覺察。從今以後，一切都會愈來愈好。

不妨試試看這些建議，也許對你有幫助：

✦ 透過禱告，分享你擁有的內在力量，對此表達感謝。

✦ 在日誌中書寫你做出的改變。

✦ 播放自己喜歡的歌，跟著旋律舞動搖擺，慶祝你的內在蛻變。做讓你覺得**充滿生命力**的事情就對了！

✦ 感謝你的造物主和天使，讓你能成為今天的你！

分享你的能量

「我感謝自己勇敢做出改變，讓自己更好，讓生活更好！」

靈性練習 64

氣場也要大掃除

氣場是一種能量場，反映出一個人靈性體（spiritual body）的狀態。你的心情、脈輪平衡的程度，以及所在的環境，都會影響氣場。

你的氣場隨時都在變動、轉化。也許有人曾跟你分享，之前有靈媒或靈性工作者看見自己的氣場是某種顏色，不過他們現在的氣場很可能已經與當時不同。

世界上沒有所謂「不好的氣場」。很多人怕自己被不好的氣場纏身，但這只是個迷思。你不可能沾染到負面氣場，但是你的氣場確實會對某些人的能量感到陌生，或是「不對盤」。前面提過，當你看到自己所愛的人、遇到和自己喜好相近的人，或是跟對方明明第一次見面，卻感覺認識了一輩子，這就是靈魂間的相認（soul recognition）。不過，如果內心的感受恰恰相反，就是直覺在告訴你，眼前這個人與你無緣，不是跟你同一類的人。

雖然你不可能有不好的氣場，但你的能量有時可能會變得沉重或混濁。這種情況會發生，通常是因為你接觸到與自己頻率不合的能量。例如，你到了一個地方，但周圍能量讓你覺得渾身不對勁；或是你剛才處於一個情緒激動、高壓的情況；或是你遇到某個討厭的人，感覺到對方「會刺人」的能量。今天，讓我們學習如何淨化能量，為氣場大掃除。

✦ 今日能量頻率 ✦

這個氣場淨化技巧非常實用，而且快速、有效，能讓你感覺神清氣爽。現在先做一次，之後當你覺得氣場需要好好清理一下，隨時都能操作，就算你因此得跑到洗手間待五分鐘，給自己一點隱私，效果也絕對值得。

你可以採坐姿或站姿。

✦ 雙手在胸前平舉，掌心朝下。

✦ 閉上雙眼，想像你正在透過雙手，吸取宇宙的純淨聖光。

✦ 張開雙眼。接著，將雙手當成掃帚，由下往上沿著氣場外圍畫圈，到頭頂之後，再由上往下掃過每一個脈輪。想像手裡握著神奇的光之髮梳，當你揮舞手指、梳理氣場，一切停滯、淤塞和負能量都完全釋放。

✦ 你可以接著說：「我的能量場已經淨化，充滿了正能量、充滿了光！」

✦ 深呼吸，接著大口吐氣，感覺無事一身輕！

分享你的能量

「我清除了能量堵塞，讓氣場乾淨無比，感覺真棒！」

靈性練習 65

打開你的頂輪

在所有脈輪中，頂輪的能量最為純淨。位在頭頂正上方附近的頂輪，散發著介於紫羅蘭與透明水晶色的光芒，宛如一朵盛開的蓮花，主導了我們與神性的連結，以及最深的靈性覺知。透過頂輪，我們能接收來自宇宙的支持、愛與指引。雖然頂輪是最不可能失衡或遭到污染的脈輪，我們仍要留意它的健康。

頂輪一般都呈現打開的狀態，只是開啟的程度可能不同。但是，當我們背離了靈性、不再與生命本源來往，或是認定人死後只是一片虛無，頂輪也隨之關閉。

這也許是無心造成的結果，但這種孤寂、無助的念頭，可能讓人感覺獨立於世界之外，和宇宙失去連結。我們都曾有過這種感受，有時候也需要這種感受，才能激勵自己找回內在力量，做出必要的改變。

藉由自我賦能、希望、信念與信任，你的頂輪蓮花會開始綻放，吸引生命的奇蹟回到身旁。你可以選擇打開頂輪，感受與造物主的力量連結，體會它的愛與支持。

今日能量頻率

今天，請你用以下的意圖打開頂輪，讓宇宙的支持自由流入你的世界：

「我的身上，有一股幻化為千片花瓣的能量。
我讓這股能量盛開，任我的連結揚升高飛。
當我敞開心胸，向造物主領受我值得的愛與支持，
我便成為帶來啟發、創意與成就的光。
我已經準備好感受萬物一體，準備好認識我的生命本源，
準備好讓它在我身上自在流動。
我的脈輪彼此調和、充滿能量，我的連結是如此開放、穩固。
知道我尋求的光此刻已在我身上，永恆不變，真是太好了。
今天，我選擇看見那道光。今天，我選擇讓那道光閃耀。
一切本應如此！」

設定意圖之後，你可以靜坐片刻，領受一下。如果你人在外頭，不妨保持開放的心，讓靈感降示自然來到吧！

分享你的能量

「我們能選擇是否要接受幫助。
今天，我歡喜迎接自己需要的一切幫助！」

靈性練習 66

坦然接受神

在靈性道途上，你很可能會因為一些事情，對「神」(God)的概念失去信心，甚至不確定祂是否真的存在。

世界上有各式各樣的宗教、信仰、思想與學派。許多宗教的道理互通，但也有教義完全互斥的信仰。寫這本書時，我從一開始就刻意避免「神」這個字，因為很多人對「神」非常反感，也有很多人將神和恐懼、折磨與痛苦畫上等號。

如果你接受「神」的概念，相信神的存在，那麼太好了，這個練習對你來說一定輕而易舉（不過還是請你耐心讀完）；如果你對神的概念仍有懷疑，沒有關係，我很開心你此刻與我們同在。

如果要揚升振動頻率，在靈性道途上綻放更耀眼的光芒，我們應該學習放下對神性的任何負面意念。不管「神」這個字揭開了什麼過往瘡疤或黑色記憶，也不管其他人對神的看法，請你了解到，這些都不是真實的。說到底，「神」只是一個字。生命本源、宇宙、神都是一樣的概念，它不是一個人、一個宗教或一種教派，也不是告訴你如何生活、如何做人的一套鐵律。

宇宙是愛的臨在，對你並無所求。宇宙給你隨心所欲過活的自由，不對你加諸任何期望或限制。即使你沒有每個禮拜上教堂、偷懶沒做週末的冥想練習，也不會遭到任何懲罰——真的沒有任何懲罰。

你在任何地方讀到的資訊、任何人告訴你或警告你的話，都只是反映了某個人的看法。老實說，如果有人拿可怕的後果威脅你，對方很可能只是想控制你，或是讓你活在某個思考框架裡。這些都不是真的，只有愛是真的。

今日能量頻率

「今天，我選擇拋開所有關於神性的恐懼。
我帶著愛與溫柔，
放下一切虛偽說詞、權力操控、過往創傷與威嚇告誡。
我已經準備好從他人的戒律與宗教中解脫。
我了解到，生命的本源是愛的臨在。
愛不會做任何傷害我的事，
也不曾在這一生中懲罰我。
不管生命中遇到什麼事，我都能做選擇。
今天，我選擇愛，也選擇接受神性之愛。
此刻，我讓愛成為引導我的力量，
放下我不再需要的一切，
不讓它們阻礙我的靈性成長和人生目標，
也就是過著快樂的生活。
我解脫了！
一切本應如此！」

分享你的能量

「生命的本源是無條件的愛。」

靈性練習 67

智慧內生於心，不假外求

知識能透過學習向外求得，智慧則須向內發掘悟得。為什麼說智慧要往內求？因為那是神性能量（你的靈魂）所在的地方，在靈性成長的路上，靈魂就是你領受智慧、引導與支持的媒介。

你有無盡的機會能向天堂敞開心胸，接受那份支持。也許在實踐上沒有那麼容易，但只要你秉持決心和毅力，在靈性道途上不斷前進，終將獲得造物主的神聖支持。

宇宙讓你降生世上，是希望你過著完滿、精彩與快樂的生活。你出生不是為了活得窮苦。你獲得了來到地球的大好機會，能在這裡學習、成長，並想起愛是你的一部分，也是唯一會永久存在的事物。

我希望到了這個階段，你的心已經沉浸在喜悅與正向當中。務必記得，你現在經歷的是一個過程，而這個過程需要時間。當你將注意力放在成長、正向、療癒和愛的意念上，能量也會不斷提升。不只如此，你生活中所有與這股能量牴觸的人、事、物，都會逐一從你的生活中消失，而這些清除的過程可能不太好受。

請體認到，支持的能量一直在你心中、環繞在你身旁。你可以隨時取用這份支持，得到需要的指引與洞見。

✦今日能量頻率✦

今天，請你時不時地問候宇宙，跟它報平安。

✦ 請說：「親愛的宇宙，謝謝你向我顯現我該知道的事！」

✦ 靜靜坐著或站著幾分鐘，專注領受神性指引。

✦ 然後繼續過你的一天。

✦ 在一天內重複多次。

你的指引來臨時，也許跟你想的不太一樣，但是提醒自己，此刻你敞開了心胸，願意接受來自靈魂的智慧之語。

分享你的能量

「我願敞開心胸，領受來自神性智慧的指引！」

靈性練習 68

直覺說「不要！」

你的直覺總是對你傳遞訊息。你自己也心知肚明，因為你會說出「早知道相信自己的直覺！」這類的話，對吧？

然而，面對直覺的聲音，我們偶爾會假裝沒聽到。多年來，我一直不願意聆聽心裡的直覺，但是近來我投入身體工作（bodywork）和療癒工作時，有了很大的突破。自從我決心變得健康，減去 36 公斤的體重之後，我的直覺變得更清楚，也與自己的身體更親密，能覺察它喜歡、需要什麼。

有一次，我去參加出版社在倫敦舉辦的作家交流會，會場上除了各式餐點，還有一字排開的多種酒飲，想喝什麼都喝得到。服務生在人群間走動，手裡的盤子裝有各種誘人的炸物小點。我可以感覺到內心的貪念蠢蠢欲動，但是我才剛吃了美味的蔬食燉飯當晚餐，肚子其實還很飽。

後來，有個服務生端著盤子朝我走來，我貪婪的一面已經迫不及待，準備現出原形。我可以感覺自己在搓揉手指，準備對食物出手，心裡卻有一個聲音大喊：「不要啊！不要拿！你只是想給自己放縱的理由而已！」但是同時，貪婪的聲音也出來了：「那是炸天婦羅嗎？太讚了！來看看有什麼醬料可以沾？」

就在那一瞬間，貪婪跟直覺開始在我的腦袋裡打架。最奇怪的是，我竟然能像個旁觀者一樣目睹這場大混戰。我知道自己不餓，不需要額外的食物，也知道貪婪的聲音只是想搗亂，所以我大喊：「直覺說了：『不要！』」

服務生感覺到我不想拿食物。貪婪不再發出一點聲音。我轉身離開，覺得充滿力量。我的朋友跟我擊掌，這一刻如此灑脫。

✦ 今日能量頻率 ✦

聆聽內心，你的直覺正在對什麼說「不」？

今天的練習鼓勵你運用這句肯定語：「直覺說了：『不要！』」

當你想要拒絕，卻覺得心裡有正邪兩方在拉扯，就說出這句話吧！你會感到無比的自由！

分享你的能量

「我會聆聽內心直覺的提醒。」

靈性練習 69

打造聖壇，歌頌神性

對我來說，擁有一個能禮讚神性的專屬空間，已經成為生活必要。雖然放置水晶、擺飾並不能讓你更具靈性（因為你已是靈性充滿的存在），但是在家裡或辦公室布置一個角落，一個象徵無條件之愛的聖壇，能幫助你維持高頻的振動能量。

在長大的過程中，我對不同宗教產生了興趣，也很快為自己設置了一個聖壇。我的聖壇擺有異教藝術作品、水晶、印度教象神甘尼許（Ganesh），以及其他靈性小物。我也選了幾本自己喜歡的書，連同天使牌卡一起放在聖壇上。

如今，我的生活隨處都有靈性聖壇。我家的客廳有一個聖壇，擺有印度教神像和達賴喇嘛尊者的裱框照。我的臥室則跟靈性石窟沒兩樣——我用一張大絲巾把牆上的電視蓋住（反正我從來不開電視），聖壇上有一座大型甘尼許神像，床頭放有水晶石，為了平衡一下氣場，我還擺了一隻《星際大戰》裡的「丘巴卡」！原則上，我的臥室裡只放跟靈性有關的書，因為書也帶有振動能量，而靈性書籍的振動頻率當然比恐怖小說高啦！

聖壇不必花俏華麗，也可以只是一個簡單的角落，擺上家人好友的照片、花朵、水晶，或在你眼裡代表愛、正能量與神性連結的物品。

我相信聖壇反映了我們內心的狀態，放在聖壇上的東西，就是內心想獻給神性之物。對我來說，象神甘尼許就是一個很好的例子。祂是印度教中的破除障礙之神，當祂安坐在我的聖壇上，我心中就沒有一點阻礙。

我現在出門旅行時，都會隨身帶幾個靈性小物，放在飯店的床邊櫃上，或是在台上分享時，擺在旁邊的桌上，幫自己「能量加持」一下。這是很美好的儀式。

✦ 今日能量頻率 ✦

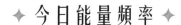

✦ 為自己打造一個用來禮讚神性的空間。如果你已經有自己的聖壇，不妨藉此機會好好布置一下。

✦ 蒐集照片、花朵、蠟燭、圖片、水晶，或任何能幫助你頌揚神性的物品。可以考慮雕像，或是任何充滿愛的東西。

✦ 清出一個空間，打造你獻給神性的聖壇。

✦ 每當你覺得失去高頻振動，或是需要一點愛的能量，就走向聖壇吧！在自己的一方天地裡表達感謝、肯定自己的進步、靜心禱告。告訴自己，這個地方代表了你的內在力量。

分享你的能量

「我布置了內心的聖壇，知道在那個地方，神性與我同在。」

靈性練習 70

冥冥之中

「一切都是最好的安排。」你一定聽過這句話不下數百次了，對吧？但是壞事發生的時候，真的很難在當下轉念，相信這是上天最好的安排。

很多人認為神或宇宙是專門懲罰人，甚至懲罰世界的一種力量。你會聽到別人說某件事是「天註定」，或是抱怨老天不公，因為「祂」從自己身邊帶走了某人或拿走了某個東西。

「同步」(synchronicity，又譯為共時性，指在沒有因果關係的情況下，事件之間似乎存在特殊的關聯，或某種有意義的巧合）的概念並不是要鼓勵人相信一切都是最好的安排，也不是要找出「最好的安排」究竟為何。同步指的是當我們開始與神性真理同調，宇宙讓我們看見的徵兆。同步是當我們感到沮喪、無依無靠時，宇宙看見了我們的苦痛，透過訊息告訴我們：它來幫忙了。同步是滿載希望的能量，來到我們的生命中，填滿了我們。它提醒我們，幽暗的隧道盡頭並沒有聖光，因為聖光就在我們心裡，為我們照亮眼前的路。當我們想起自己的真實本心，便會了解隧道本身只是另一個假象！

✦ 今日能量頻率 ✦

今天的練習鼓勵你記得，宇宙是你的靠山。提醒自己，宇宙不會刻意與你作對、懲罰你，或跟你翻舊帳。無論如何，宇宙都愛著你，就讓因果法則自由運作，水到渠成。

今天，請你相信自己身上的光，相信這道光會幫助你克服任何挑戰，帶你走出幽暗的隧道。然後說：

「我相信生命的流會與神性同調，
在適當的時機帶我到適當的位置。」

分享你的能量

「同步是來自宇宙的訊號，象徵它已聽見你的呼喚。」

發光

LIGHT UP

◆ 脈輪：大地之星及靈魂之星脈輪

◆ 位置：大地之星脈輪：腳底下方 15 至 30 公分處

　　　　靈魂之星脈輪：頭頂上方 15 至 30 公分處

◆ 顏色：銅（大地之星）、洋紅（靈魂之星）

◆ 元素：全部

大地之星與靈魂之星脈輪能讓我們的靈性連結更上一層樓。大地之星是靈性定錨中心，能帶我們向下紮根於地球母親的智慧；靈魂之星則讓我們往上深化和宇宙智慧的連結。當這些能量中心同時開啟、連通，我們便身處天堂和地球的溫暖懷抱，感到如此滿足、平衡與安全。

大地之母早在人類出現之前就存在，至今已經數百萬歲，等到我們離開人世，她仍將屹立長存。當我們好好感謝神性的地球母親，透過大地之星與她連結，便能從她身上獲得資訊、指引，讓自己與大地更親密合一，更清楚人生的方向。

宇宙是一切真理的起源地，在宇宙的能量中，有我們無法參透的古老智慧與永恆之愛。當我們打開靈魂之星脈輪，讓立體的光之星體散發絢麗光芒，就能獲得更高層次的靈性智慧。

接下來的練習提供了一些靈性工具與方法，能讓你的能量系統升級，取得更新的能量與知識。準備好釋放你的業力，和宇宙連結，定錨於大地吧！

靈性練習 71

斬斷負能量繩索

眾天使中，以大天使麥可（Archangel Michael）的名氣最響亮，祂也是成功登上好萊塢大銀幕的天使——這是真的！一般認為祂是守護使者，負責為世界除去一切恐懼。在大天使麥可的畫像中，常可見祂手握一把由火與光構成的長劍，象徵祂斬斷恐懼、讓眾人自由的強大力量。

在西方經典裡，「麥可」的字面意思是「像神一樣的人」，代表的圖像是明亮的藍色光芒。任何人都能召喚麥可與其他大天使，因為天使和我們一樣都由能量組成，而且祂們不具形體，所以能同時身在多處。這也表示大天使麥可是橫跨多維度的存在。

在靈界的概念裡，讓人心力交瘁、棘手的事件或情況，會透過繩索與我們相連，這時，大天使麥可的光與火之劍就能派上用場。許多靈性工作者其實能看到這條無形的繩索，將我們的氣場與某個人、地方、事件或能量連結在一起。如果某個前任或老朋友就是讓你看不順眼，跟他們相處常讓你「心好累」，你們之間很可能存在一條情感繩索，讓你受到羈絆，無法往前。這些繩索也可能將你和地方綁在一起，例如教堂、職場——任何讓你感到無力的空間都有可能。當你覺得某個人像水蛭一樣緊緊依附著你，繩索也可能就此形成，即使對方渾然不知，但他們確實像水蛭一樣，一點一滴榨乾了你的能量。

要除去這些繩索非常簡單，只是我們通常不知道它們綁在身上。我們可以定期清除這些負面繩索，保持能量純淨清澈。當你呼求大天使麥可，祂會翩然來到，為你斬斷不需要的一切，只讓愛的繩索留下。

今日能量頻率

在今天的練習中，請勇敢斬斷你不再需要的能量繩索。別忘了，你與所愛的人之間的繩索仍會存在，你斬斷的只是沒必要留下的其他繩索。

你可以用以下的禱告做練習，想要讓效果更好的話，不妨觀想散發藍色光芒的天使降臨，用手上的長劍斬斷這些繩索：

「親愛的大天使麥可，謝謝祢斬斷這些繩索，讓我不再被這些人、地方、事情和恐懼綁架。我從肩膀上卸下了世界的重量。我如此安全，無比自由。一切本應如此！」

分享你的能量

「親愛的大天使麥可，感謝祢守護著我！」

靈性練習 72

靈性療癒

大天使拉斐爾（Archangel Raphael）的名字有「神的療癒」的意思。祂是天使界的華陀，致力關懷世界，療癒世上所有人類與鳥獸。祂也是支持旅人和行者的天使，能守護我們旅行途中的健康、快樂。

療癒能量是一種能進入身體與生命的光。當你請求天使帶來療癒，祂們當然樂於給予。不過，和任何領受一樣，天使能給你多少，取決於你覺得自己能接受多少。

天使和我們一樣，都是無限的存在，但是如果用人類智慧的層次思考，容易以為一生能獲得的奇蹟數量有限。當我第一次知道自己能請求天使幫忙時，我常會潛心禱告，請祂們帶來療癒，也很快發現自己的許多請求被實現，不過落空的請求也不少。我對這個現象進行深度冥想、尋找解答。我知道我必須找出祈求天使帶來療癒的最好方法。

透過閱讀天使書籍，我發現天使是當下的存有。祂們能幫助我們放下過去、活出最棒的自己，但是這些幫助只限當下，無法延伸到未來。我因此了悟到，如果希望天使帶來療癒，我必須願意讓療癒在當下發生，而不是坐等未來的某一刻。

療癒的重點在於我們能否敞開心胸接受，了解宇宙和天使擁有無限的療癒能量。試著超越自己的極限，擁抱此時此刻的療癒吧！

✦ 今日能量頻率 ✦

今天的練習鼓勵你迎接大天使拉斐爾，歡迎祂的療癒能量進入生命中。不論在心理、生理、精神或情緒層面，療癒能量都是好的。你也可能剛好需要療癒一下，請天使幫一點忙絕對沒問題的。

與其將療癒寄望於未來，請了解療癒正在此時此地發生。那股能量就在那裡，等著你擁它入懷。今天，請你讓療癒進入生命中。

「親愛的大天使拉斐爾、療癒天使，以及任何能幫助我的天使，
感謝祢們。此刻，我歡迎祢們的療癒聖光進入我的身、心與靈。
我了解自己值得被滋養，我值得感到完滿、充滿力量。
謝謝祢，謝謝祢，謝謝祢！我的身體是地球上最安全的地方。
我願讓我的振動頻率隨著這道療癒聖光而揚升。
從頭到腳都充滿力量的感覺真棒。
啊！療癒聖光，歡迎祢，歡迎祢到來！
一切本應如此！」

分享你的能量

「不是明天、不是未來，療癒就在當下。」

靈性練習 73

靈性防護牆

清潔、調理、修復，你一定聽過這些皮膚保養步驟，對吧？這其實也是我做「靈性能量保養」的程序。很多人在照顧能量上非常隨便，甚至滿不在乎，但我真心相信照顧好自己和心靈空間，對於提升靈性和振動頻率非常重要。

坊間與能量、靈性相關的一日工作坊不少，但通常不會談到靈性保護，我對這種課程安排不太認同，因為我關心每個人，也希望大家活出最棒的自己。所以請你好好閱讀接下來的內容。

我們都曾因為接觸到與自己不合的能量（可能是某個地方或某個人），而感覺身心俱疲或受到威脅。幾次下來，我們也知道要保護自己，但等到防護牆蓋好的時候，通常已經太遲了。

我從自身經驗中發現，築起防護牆之後，我並沒有鬆了一口氣，反而更感無力。為什麼會這樣？因為我把負能量也封在牆內了，你或許也有類似經驗。

重點來了：當你接觸到與自己「不合拍」的能量，你必須想辦法離開現場，到洗手間，用練習 71 的方法斬斷負面繩索。完成之後，你就能放心建立防護牆。如果沒有先斬斷繩索，從痛苦的源頭抽離，便會把這股能量留在自己的力場（force-field）裡，任憑它繼續吸取你的能量，直到你筋疲力盡，內心能量被掏空得一滴不剩。

✦ 今日能量頻率 ✦

今天的練習鼓勵你用「清潔、調理、修復」三步驟，好好保養一下氣場。進行方式如下：

✦ 清潔：切斷負能量繩索，讓自己從中解脫。如果有需要的話，請你離開現場，到洗手間或能獨處的地方。保護自身能量比顧及場面更重要。

✦ 調理：告訴自己，你是充滿神性聖光的存在，你擁有無窮無盡的潛能。這能提高你的振動頻率。

✦ 修復：呼求宇宙或你的守護天使、最喜愛的聖人，或你在天堂信任的某個人，請祂們庇佑你平安。你也可以觀想一個散發美麗光芒的能量場，慢慢包圍了你和你的氣場。

開始今天的練習吧！照著你習慣的方式療癒自己。我們已經到達新的階段，你也很熟悉一切的運作過程。深化你的靈性練習，淨化內在能量，守護你的聖光。你一定做得到。

分享你的能量

「感到安全是我的靈性權利。」

靈性練習 74

綻放靈性本心

想不想找點樂子？要不要讓內心的孩子出來放風一下？有些人不願意花時間放鬆玩樂，因為他們小時候不被允許這麼做（希望你沒有這種遭遇），也有些人覺得自己已經失去與內在小孩（inner child）的連結，無法找回童年時期的單純快樂。

如果要提升振動頻率，我們也必須提高內在小孩的能量。這個迷你版的你還在你心裡，而且我們個個都是宇宙的孩子，每天都在學習新事物，努力活出最棒的自己。

你現在就能花時間與內在小孩相處，提升這股能量。無論你現在幾歲，覺得童年離自己多遠，這種事永遠不嫌晚，你內心的孩子永遠都在。

內在小孩是你的一部分，會使你對於別人說的話，總是往心裡去，因此常感焦慮恐慌、覺得自己不夠好。在你內心深處的小小孩，不喜歡被指責自己做錯事，因為這種感覺就像小時候挨大人的罵。

如果要療癒你的內在小孩，或是讓這部分的你獲得解脫、被愛與支持充滿，你可以在做靈性練習時，花一點時間照顧它、關懷它。想像六歲的你站在身旁，他或她依然覺得自己是個壞孩子，甚至感到自卑，覺得自己不夠厲害、不夠好。請你看見，他們只是想要被疼愛。

即使你生在充滿愛與溫暖的家庭，你的內在小孩很可能還是需要多一點關愛。也許你被迫趕快長大，因為你必須照顧年幼的弟妹或生病的父母；又或許，在成長過程中，你經常在學校受到欺負。請知道，你此刻做的一切，能幫助你釋放舊時的能量，讓你更能輕鬆面對生活，專心勇往直前。

✦ 今日能量頻率 ✦

今天的練習鼓勵你寫一封信給內在小孩，好好疼愛自己。

✦ 以「親愛的」開頭，寫上自己的姓名，寫一封內容深入的信，給自己一些建議、療癒和接納。

✦ 書寫讓你感覺不被愛或不夠好的經驗，告訴你的內在小孩，無論過去發生什麼事，他之後都會變成很棒的人（因為你現在就是個很棒的人）。

✦ 告訴內在小孩，他一定會好好的，而且更重要的是，你全心愛著他——你愛他的髮型、穿的衣服和個性。讓他感覺受到疼愛，給他一些溫暖的建議。

✦ 把信裝入信封袋裡密封。

✦ 你可以把信夾在日記本裡、燒掉或是種在土裡。你想怎麼做都可以，但是在這之前，記得先讀一遍給自己聽。

這就是今天的練習，許多強烈的情緒會湧上心頭，但完成後你會覺得非常舒坦。不要找藉口拖延，拿起筆好好寫信吧！

分享你的能量

「我表達了內在小孩的能量，我知道自己值得放鬆玩樂。」

靈性練習 75

釋放業力

經過一天又一天的靈性練習，你已經來到新的階段，準備進一步強化靈性連結，探索浩瀚神奇的宇宙能給你的各種支持。

我們對「業力」並不陌生，也在之前的篇章討論過。我們知道業力是靈性的因果法則。你做的每一件事，都會影響下一階段的人生發展，因為你的行為反映了你的吸引力焦點（point of attraction）。

你應該已經知道我在說什麼。簡單來說，吸引力法則指的是物以類聚，你的行為會將類似的經驗或能量吸引到身邊來。

不過，有一個跟業力相關的課題我們還沒談到：前世。前世分為兩種：我們想要放下的前世，以及能帶來智慧，讓今世更圓滿的前世。

一個人出生之時，可能帶有前世的業力或記憶，不只影響了生命的吸引力焦點，更造成今生種種阻礙。我們不一定知道自己帶著哪些前世業力，也對它造成的阻礙渾然不知。所幸，我們能請求神性協助，讓我們釋放舊有業力，進入全新的自由之境。

我記得在一次靈性諮詢中，個案表示自己一直無法順利懷孕。我覺得非常奇妙，因為醫生說她和伴侶的身體機能完全正常，而她來找我，實在是因為無計可施了。她想知道在靈性的層級上，究竟發生了什麼事。我記得當時感覺到一股前世的創傷或恐懼能量，阻礙了她實現當媽媽的心願。

透過感應她的靈性頻率，我覺知道到她在某個前世中曾是三個孩子的母親，後來卻被迫與孩子分離。她自此過著悲慘、孤單的生活，一輩子都遭人看不起。失去孩子的恐懼跟著她在今世重生，這股陳舊的能量糾纏著她，讓她無法順利懷孕產子。

當我跟她解釋來龍去脈時，她表示對這個故事感覺異常熟悉，而且聽我解釋的當下，身體某處好像有什麼開關被打開，心被深深觸動。她開始哭泣，將蓄積已久的情緒全部宣洩出來。

我們用禱告化解了她的業力，後來在寫這本書的時候，她寄來一張照片，讓我非常開心，因為照片裡正是她剛出生的女兒。她能夠放下過去的傷痛，開啟人生新的篇章，真是太美好了。

如果你遭遇人生瓶頸，遲遲等不到需要的奇蹟，很可能是前世的業力阻礙了你。不妨趁這個機會呼求宇宙幫忙，釋放陳舊能量吧！

✦ 今日能量頻率 ✦

今天，請你讓宇宙知道，你已經準備好釋放今世與過去累世的所有業力，好讓自己實現這一生的使命。

請知道，如果你對過去有深深的悔憾，這股業力將被帶走，你不再需要的前世業力也都會一併被帶走。

「親愛的神性宇宙、一切業力之主，
謝謝你們聽見我的呼求！
我願意，也準備好釋放阻礙我的所有能量枷鎖，讓自己活出現在人生的使命。謝謝你們化解了我現世與累世的業力。
我的靈魂是我最純淨的一面，
我已準備好讓純潔與恩慈蔓延到生命的每個角落。
此刻，我將所有陳舊的業力、能量與恐懼記憶從我的 DNA 裡清除，按下永久刪除鍵，因為感到自由解脫是我的靈性權利。
舊的業力已然消滅，新的境界已然來臨。如是此咒，應我所願！」

分享你的能量

「今天，我清掉過去的所有恐懼，按下了永久刪除鍵！」

靈性練習 76

紫羅蘭火焰

有一群靈魂曾以人類的形體活在地球上，而今身處天堂，致力為世界帶來正向改變與療癒。許多靈性作者稱祂們為「揚升大師」，但是我最近改以「光之守護者」稱之。這個靈感來自我之前做的一個夢，在夢裡，我來到一個美妙的國度，看到許多法力無邊、散發慈愛的光之神靈，圍著一個大圓桌同坐。

這些智慧上師的其中一人是聖人聖哲曼（Saint Germain），祂是神性智慧的守護者，能幫助我們開啟更深層的覺知。祂也是業力之主之一，能幫助我們斬斷與往昔業力的連結，守護稱為「紫色火焰」的靈性能量。紫色火焰具有強大力量，能用來克服阻礙，而且不分宗教、信仰、價值觀或膚色，任何人都能召喚紫色火焰。

如今是光之守護者的聖哲曼，先前在地球上以聖哲曼公爵（Comte de Saint-Germain）為人所知，是當時出了名的權貴與哲學家。據傳他是皇室血脈，更有消息指出他是皇室成員的私生子，不過，關於他真正身世的說法多相互牴觸，因此至今仍是未解之謎。雖然如此，有證據顯示他確實存在，而且是貨真價實的奇才。他集各種才華於一身，能說好幾種語言、彈奏多種樂器，也對神秘學與靈性頗有研究。

聖哲曼不只多才多藝，又具有靈性連結，能幫助你連通內在的靈性智慧，並展露個人天賦。除此之外，不管你有什麼背景故事，他都能幫助你的真實自我被他人理解與接納。

✦ 今日能量頻率 ✦

光之守護者已對你伸出援手，現在就領受大師的指引和智慧吧！今天的練習請你讓聖哲曼的支持、智慧和紫色火焰的能量流入心中，帶你活出最棒的自己。

務必記得，今天的練習重點不只是揚升靈性振動頻率，或與天上的宇宙導師相見歡，而是了解你值得領受智慧，並與世界分享天賦；你不需要做任何改變，也值得被接納與肯定。

你隨時隨地都能召喚聖哲曼。祂和天使一樣，存在於多個維度之間，能同時身處不同地方。

你已獲得了紫羅蘭的智慧斗篷，今天就把它穿上吧！

✦ 觀想自己穿著一件亮紫色的斗篷，就像你在電影《哈利波特》裡看到的巨大斗篷一樣。想像這件神奇的斗篷罩住了你的全身。

✦ 接著，想像斗篷的紫色能量進入你的氣場，散發紫色的絢麗光芒。

然後說：

「親愛的聖哲曼，謝謝祢用智慧斗篷包住了我。
我準備好克服未來的任何阻礙，讓自己的天賦與才華閃耀。
知道我的內在智慧正因祢的指引而發光，真是太棒了。
一切本應如此！」

分享你的能量

「我值得以最真實的樣貌被接受。」

靈性練習 77

宇宙覺知

希望到目前為止，你都很樂意探索不同的靈性位階，認識各個上師、天使、指導靈。祂們都很樂意幫助你，因為在靈魂的層次上，你選擇了成為照亮世界的光。

在來到地球以前，你就決定要成為一股正向的力量、療癒自己的創傷，也決心帶給他人鼓勵與啟發。彷彿在你的靈魂進入身體之前，你和其他光之守護者正圍著一個大圓桌同坐，並且告訴大家，自己願意挺身而出，承擔這項任務。

在你的一生中，你曾有多次機會能選擇放棄、曾經偏離自己的道途，或經歷靈魂黯淡無光的低潮期。然而，如果你已經讀到這裡，便知道自己身上一道救贖的聖光開始發亮。你回應了靈性本我的呼召，也準備好轉換心態，成為一個正向的人，進而提升自己的振動頻率。

隨著你持續提升能量振動，光之守護者也組成了靈界應援團，為你提供需要的支持，在你身旁手舞足蹈。此刻，一個天使聖團與你同在，每一個都是光之天使。祂們會回應你的祈禱，並透過你的直覺提供指引，而且他們很開心能陪在你身旁。

這些天使能幫助你讓世界更美好，而這也是你今天的靈性功課。

✦今日能量頻率✦

今天的練習只有一個重點：奉獻。你積極為世界貢獻，也慷慨給予，而天使想要歌頌你的付出。今天，請你覺察需要一點聖光的人、事、地，將光之天使與他們分享。

透過恩典（grace）這項靈性法則，你能請這些光之天使飛到你愛的人身旁，或飛到你覺得需要療癒奇蹟的地方。

如果希望這些聖光天使帶來支持，你只需要想像一道最純淨、潔白的光芒，圍繞著你選定的人（甚至可以是最讓你頭痛的人）、地方或事情。接著，你可以說類似以下的祝禱：

「親愛的光之天使，感謝祢們在恩典的法則下，
用安詳、和諧及療癒之光圍繞著〔人或事情〕！
願與此相關的靈魂都受到你們的神性之手撫觸。」

分享你的能量

「光之天使永遠等著你的呼求！」

靈性練習 78

汲取大地之星的能量

脈輪系統是一套古老的靈性智慧，並透過梵語文化流傳至今。自古以來，這些脈輪幫助了無數人類觸及更深處的靈魂。我在前面提到，傳統理論認為主要脈輪有七個，但近代以來，其他脈輪也逐漸被人類發現，甚至打開。

這些新脈輪中，又以「大地之星」脈輪特別重要。我在之前的書《Angel Prayers》裡也有談到。大地之星就像一個定錨，讓我們與大地連結。我第一次透過靈視力觀想大地之星時，看見一塊巨大的水晶石，安穩座落於地球深處。透過向下紮根，與大地之星連結，我能感覺更踏實接地，與美麗的地球合一。

在靈性修持上，很多人認為只有達到更高的境界，進入更高的維度，才能獲得神性指引與靈感啟示，我可以理解這種想法。不過，大地之母也能給我們許多支持，傳授豐富深刻的智慧。

地球的靈魂古老而睿智，她已存在數百萬年。她深具智慧，也知道如何延續生命。大地之母見證了多少變遷，我們卻好像從沒想到要親近她，尋求她的靈性指引和支持。

引導學員與地球母親連結時，我會細說她的美好，分享和前面「接地」章節類似的練習技巧，讓她的支持進入自己的生命中。

用心培養與大地之母的連結，能讓你感覺更穩定、身體更有力量，也更能體會你發願在地球上扮演的角色。別忘了，你選擇降生的不是其他維度，而是美麗的地球。

✦ 今日能量頻率 ✦

今天，請你花點時間接地。透過打開大地之星脈輪，你能直接向地球母親領受神性的療癒能量和支持。不妨用下面的簡單冥想，擁抱她原始的大地能量，讓大地給予你指引和智慧。

✦ 想像你的腳下有長長的樹根，不斷向下生長、綿延，一直通到地球的中心。看見這些樹根深入地球內部，穿過一層又一層。

✦ 樹根來到地球最深處的時候，想像它們包覆住一個巨大的水晶石（散發著你喜愛的光芒），讓你穩穩錨定於地球之心。

✦ 深呼吸，想像銅土色的光從樹根一路往上，來到你的腳底，進入你的身體。知道這道光即是大地之母的智慧，而此刻你已與它連通。

✦ 花點時間感覺接地、與地球合一。你也可以想著需要指引的問題，然後想像你的樹根就像吸管一樣，直接從地球母親的中心汲取愛與支持。

✦ 準備好的時候，你可以說：

「我已經與大地之母連結、頻率調和。
偉大的地球母親，感謝妳讓我與大地之星的能量和諧共振。
我與大地合一，我感謝她給予的支持。我們即是一體！」

分享你的能量

「能與地球母親連結的感覺真好！」

靈性練習 79

與靈魂之星連結

大地之星脈輪有一個雙胞胎，稱為「靈魂之星」。這個脈輪能讓你與累世的靈魂智慧連結。透過靈視力或觀想看見時，靈魂之星是一個具有立體結構的六角星體，閃著紫紅與彩虹色的夢幻光芒。

對我來說，靈魂之星是非常特別的脈輪，因為它是靈性身體的記憶中樞，能幫助靈魂回想、記得。這就是之前提到「靈魂相認」的現象——當你看到某人某物，心裡突然有一見如故的感覺。會有這種溫暖而熟悉的感受，是因為靈魂記起了我們神聖的一面。這和信眾在敬拜時得到的靈性經驗或頓悟是一樣的。

第一次發現天使的存在時，我就有了靈魂相認的體驗。那種結合溫暖、欣喜、親密的感受，已經不是言語能形容。在那個當下，你的靈魂之星會綻放光芒，與你的能量同頻振動。

如果能敞開心胸與靈魂之星連結，便能領受來自靈魂的智慧和指引，汲取古老的靈性記憶，你就能善用這些資訊，在地球上創造美好生活。

✦今日能量頻率✦

今天的練習鼓勵你點亮你的靈魂之星。想一想，在生活中的哪些時刻，你會有靈魂相認的感覺？

你是否覺得跟某個人好像在前世就已經認識？對於讓你感覺溫暖而滿足的人，你是否與他們關係緊密？這些人可以是你的伴侶、朋友或老師，甚至是你的孩子。

有沒有哪一個靈性練習、技巧或概念深深觸動了你，讓你確信它曾在某個前世幫助了你？你是否會在想到某個神靈、偉大上師或天使的時候，內心一陣激動、全身起雞皮疙瘩？

現在，想一想哪些人或事讓你有家的溫暖感覺，並在過程中告訴自己：你正在打開連接靈魂之星脈輪的通道。接著設定意圖：

「我願意接收來自靈魂的任何記憶或古老知識，用它們引領、
支持我此刻所在的道途。親愛的神性靈魂，
感謝你此刻讓自我覺醒！我已經準備好深入認識你了。」

分享你的能量

「遇到某個人的時候，如果感覺溫暖而熟悉，那是因為你的靈魂
想起了一段古老的記憶。」

靈性練習 80

光之火炬

還有一種天使也等著你呼求，希望引導你揚升到更高的振動頻率——「原諒天使」。

原諒非常重要，也是你會一再遇到的生命課題，這不是壞事，因為原諒能疏通你的能量空間，讓奇蹟得以進入。

原諒是記起你完整無缺的靈魂，是真正喚醒永恆不滅的自我，將不能帶你體現愛的生命經驗全數釋放。

✦ 今日能量頻率 ✦

今天，請你做個簡單的自我探問。

問自己：

✦ 我需要原諒誰？

✦ 在哪些事情上，我抓著自己不需要的東西不放？

✦ 是什麼阻礙了我，讓我無法感到自由、解脫？

✦ 我是不是在面對某些事情時，一直心懷憤恨，而不是專注在帶來愛的事物上？

知道問題的答案之後，你就知道自己該做什麼了。

告訴自己：

「今天，我準備好前往原諒的下一個階段。
我讓這份感受與覺知引導我，
像光明熾熱的火炬一般，帶領我安穩前進。」

接著呼吸調息，讓淚水宣洩，做自己需要做的事。讓該走的都走吧！

分享你的能量

「原諒是一種自我疼惜，因為我釋放了我不需要的憤怒。」

顯　化
MANIFEST

◆ 脈輪：星際之門脈輪
◆ 位置：頭頂上方 30 公分處
◆ 顏色：深邃的太空藍／紫
◆ 元素：全部

星際之門脈輪不只是一個靈性能量中心，也是一個光之漩渦，能帶我們前往蘊藏在宇宙間的創造母體（creative matrix）。我們接著能將自己的意圖放在宇宙中心，讓它們在生命中顯化。

隨著我們持續提高振動頻率，星際之門脈輪也會變得更加敏銳，更能即時回應我們的感知、意念、行為與能量。這也表示我們的顯化能力比平常高出許多。在這種時候，清楚知道自己想創造、顯化的事物就更為重要。

接下來，你將淨化能量與感知，與自己最高的意圖調和一致。這些練習的重點不是達成特定的目標或理想，而是讓你熱愛的生活成為現實。

靈性練習 81

創造空間，放心讓宇宙接手

你擁有顯化生命奇蹟的能力。別忘了，重點不是奇蹟有多大，而是你的內心能為奇蹟騰出多少空間。因此，設定意圖時，也要在意圖中創造空間。與其想著「什麼時候會顯化？」或是三不五時就查看電子郵件，等著機會從天而降，你要做的只是為奇蹟創造空間。

當你全心相信，顯化自然來臨。不過，如果要讓夢想順利顯化，你必須創造空間，接著將心中記掛的一切放心交給宇宙。

✦ 今日能量頻率 ✦

今天的練習鼓勵你在心中創造空間，讓夢想的種子發芽。當你在花圃裡種下種子，你不會一再把土挖開，看種子發芽了沒，你會靜靜等待，知道它終將發芽。所以，相信宇宙吧！請你明白，你向外發送的全部意念都被接收到了，宇宙強大的能量之輪此刻也不停轉動，為你創造至善。

這是今天的肯定語：

「我對宇宙的信任，為我的夢想創造發芽的空間！」

分享你的能量

「宇宙喜歡我們相信它！」

靈性練習 82

環境雜亂＝心靈雜亂

你生活中的一切都象徵著你的吸引力焦點。換言之，你擁有的每一件物品、打理生活空間的習慣、與他人互動的模式，以及你向世界展現自己的方式，都代表了你在宇宙面前呈現的模樣。

你有沒有注意到，車上雜物散落的人，也經常是遲到大王？房間凌亂的人，做事也常丟三落四？如果某個同事的座位或桌面髒亂，通常在工作上也是不用心、沒條理，或就是需要別人罩的「豬隊友」？

環境雜亂就是心靈雜亂，宇宙也會回應這股亂糟糟的能量。

今日能量頻率

今天，請你看看生活中有哪些地方需要打理，給心靈更開闊的空間。別忘了，生活環境中的髒亂、散落一地的雜物，都會影響你此刻的能量，以及吸引到生命中的能量。

你值得過著舒心美好的生活。你可以做些什麼來打造這種生活？

你可以清理哪些空間的雜亂，藉此清除心靈的雜亂？

做一次人生的「斷捨離」，丟掉你不需要的東西（有時也可以是人）。清除雜物、整理環境，讓心靈回歸純淨安寧。

這句肯定語能幫助你：

「我的生活乾乾淨淨，能量也乾乾淨淨！」

分享你的能量

「環境雜亂就是心靈雜亂。我讓空間常保乾淨！」

靈性練習 83

擁抱「我是」

「我是」是一個充滿力量的神聖宣言（見本書第 23 頁）。每一次你說出「我是」，再加上一個詞語或句子，和那個詞語或句子連結的能量就會被你吸引。

你想吸引什麼樣的能量？你想要有什麼樣的感受？你希望宇宙從你身上感應到什麼？又希望獲得什麼支持？

你與內在自我、外在世界的每一次對話，都會影響在你生命中顯化的事物。你在人生中遭遇的一切，都是內心感受向外投射的結果。

當你說「我是」，請了解到，你正在將強大的宇宙能量吸引到生命中。用這個宣言將豐盛帶給自己，帶給你的世界吧！

今日能量頻率

今天的練習鼓勵你擁抱「我是」宣言。

寫下七句發自內心的肯定語，為自己補足能量，感覺像超人一樣所向無敵：

「我是＿＿＿＿＿＿＿＿＿＿＿＿＿＿＿＿＿＿＿＿＿＿＿＿。」

「我是＿＿＿＿＿＿＿＿＿＿＿＿＿＿＿＿＿＿＿＿＿＿＿＿。」

「我是＿＿＿＿＿＿＿＿＿＿＿＿＿＿＿＿＿＿＿＿＿＿＿＿。」

「我是＿＿＿＿＿＿＿＿＿＿＿＿＿＿＿＿＿＿＿＿＿＿＿＿。」

「我是＿＿＿＿＿＿＿＿＿＿＿＿＿＿＿＿＿＿＿＿＿＿＿＿。」

「我是＿＿＿＿＿＿＿＿＿＿＿＿＿＿＿＿＿＿＿＿＿＿＿＿。」

「我是＿＿＿＿＿＿＿＿＿＿＿＿＿＿＿＿＿＿＿＿＿＿＿＿。」

分享你的能量

「我是照亮世界的光！」

靈性練習 84

宇宙的舞者

你能感覺到，宇宙此刻充滿能量的脈動嗎？一道又一道的純淨聖光有如電流，在宇宙間恣意流動與穿梭。同樣身為宇宙的一部分，我們能決定要不要與這股能量和諧共舞。雖然宇宙的脈動如此細微，也可能不是人類能完全理解，但能夠和宇宙一起快意地旋轉、舞動，是非常美好的事。

我們能透過行動、意念和行為跟宇宙共舞。與其一直去想接下來會發生什麼事、下一步該怎麼走，不如放輕鬆，跟著宇宙的節奏自在搖擺。

在古印度教的信仰裡，大神濕婆（Shiva）的其中一個化身是「娜塔拉雅」(Nataraja)，有「宇宙的舞者」或「舞蹈之王」的意思。濕婆又有「破壞神」之稱，法力無邊，能摧毀一切恐懼。以舞蹈之王的形象展現時，濕婆是一個男人，通常有四條手臂，在一個烈焰纏繞的火環中翩然起舞。在宇宙之舞中，他踏著震動世界的舞步，摧毀了一切黑暗苦厄，讓世界再次創生。

今日能量頻率

你也可以像宇宙舞者濕婆一樣，喚醒內在的古老能量，讓它帶你跨越限制，釋放你不需要的負能量。

播放你喜歡的音樂，跟著旋律擺動身體，在舞蹈中感受力量、自信、能量與專注。想像你正在和宇宙共舞，知道宇宙也在你身旁旋轉，與你一起舞動。

集中心神的同時，別忘了讓你的能量振動和宇宙的脈動同步，讓它幫助你感覺更安穩和諧，對自己往後的靈性之旅更有信心。

分享你的能量

「今天，我和宇宙共舞，我知道它會支持我的靈性之旅！」

靈性練習 85

排除障礙

說到全球廣受愛戴的天上神靈，象神甘尼許絕對榜上有名。祂原本是印度教的主要神明，而今則深受世界各地的民眾喜愛。

象神是備受崇敬的破除障礙之神，我們能請求象神指引，協助克服眼前的阻礙、排除讓人分心的事物，好讓自己活出值得擁有的美好人生。

雖然地球上不可能存在有著象頭人身的人類，但是天上的聖人或上師絕對能伸出援手，幫助我們克服挑戰。對我來說，有著象頭的神明，跟有著翅膀的天使並沒有差別，不會讓我覺得特別奇怪。畢竟，圖像只是為了給世人一個寄託的焦點，好讓人類與天上的神靈連結。

當我看著象神的圖像，祂傳達出的訊息實在讓我讚嘆不已。大大的耳朵象徵著用心傾聽的能力，長長的象鼻代表收放自如的靈活與生產力。巨大的象頭能幫助我們跳脫思考框架，身後背的斧頭能斬斷所有恐懼的枷鎖或繩索，完好的一根象牙代表把好的留住、不好的放下，這還只是其中幾個象徵而已。

✦ 今日能量頻率 ✦

今天的練習鼓勵你呼求象神，請祂幫助你排除眼前的任何阻礙，例如動彈不得的車陣、長長的排隊人龍、一直無法了結的事情，或是停滯不前的感受。不管你遭遇的阻礙是什麼，象神的臨在和能量都能激勵你大步往前，因為祂是銳不可擋的一股力量。你可以運用以下祈禱：

「親愛的象神，感謝祢排除了我眼前的所有阻礙，讓我得到快樂。現在，我把任何阻礙我感到和諧、滿足的事物，交到祢手中。

謝謝祢引導我提升靈性覺知，開啟人生的新篇章。」

你也可以唱誦古老的象神梵咒：

「OM Gan Ganapataye Namaha.」

（念法：歐——唵——甘——嘎那叭他耶 那瑪哈。）

這一段梵咒的意思大致上是：「甦醒吧，噢，甘尼許的神聖力量，歡迎你到來！」

分享你的能量

「象神是我的好夥伴！」

靈性練習 86

紅寶石之光

這本書以脈輪貫串各個章節，因為脈輪系統對於集中能量、提升各方面的振動很有幫助。舉例來說，心輪通常散發柔和的綠光，並掌管給予和接受。我們也能從宇宙汲取不同顏色的能量，幫助我們集中注意力、校準頻率，拓展覺知的層次。宇宙間有各種靈性聖光能給我們支持，其中一種稱為「紅寶石之光」，能幫助我們重整頻率，並活化、開啟心輪能量，讓我們能與神性能量同頻共振，感受滿溢的愛與支持。

紅寶石之光是代表神性之愛的靈性能量，由大天使夏彌爾（Chamuel）守護。祂的名字有「看見神的人」之意，能幫助我們看見每個人、每件事情的神性。

如同紅寶石礦玉，紅寶石之光也珍貴稀有，在光照下呈現立體結構，閃閃動人。紅寶石象徵承諾、永生的愛與熱情。當你將紅寶石之光帶到心輪中心，就是在心裡創造空間，讓自己再一次想起、喚醒、專注於你出生時懷抱的神性之愛。

你隨時都能運用紅寶石之光的能量。在人際關係上遭遇瓶頸，或是所愛的人一再讓你失望，你覺得需要好好照顧自己、疼惜自己的時候，紅寶石之光更是溫柔的療癒力量。

✦今日能量頻率✦

今天的練習請你將紅寶石之光帶到心中。設定意圖，敞開心去體驗更深刻的神性之愛，讓大天使夏彌爾幫助你實現！

✦ 想像一位美好的天使與你同在，感覺祂高大、強壯的身形。當祂站在你身後，你充滿了被保護的安全感。

✦ 觀想天使手裡握著一顆紅寶石，祂接著將紅寶石放到你心中。讓那股能量打開你的心輪，想起那從未離開過你的神性之愛。

✦ 花點時間對著這股能量冥想。準備好的時候，用以下的肯定語作為今天的祈禱：

「親愛的大天使夏彌爾，謝謝祢讓我的心輪與紅寶石之光的能量連結。我讓這道光進入我，喚醒我身、心、靈中的每一分神性之愛。我準備好讓我的心進一步敞開了。一切本應如此！」

分享你的能量

「我心中有著神性之愛，今天，我選擇喚醒這份愛！」

靈性練習 87

星際之門

一路走來，你不斷提升自己的振動頻率，將注意力放在愛的意念上，也放下了過往的包袱。這 111 天的靈性練習並不容易，所以如果你選擇休息幾天，或是錯過了幾次練習，都沒有關係。你走到了這一步，來到今天的練習，已經證明了你對於每天修練靈性的堅持。

星際之門是我們接著要練習開啟的高能量脈輪。這個能量中心就在靈魂之星脈輪的上方，掌管了你向宇宙取得支持、在生命中顯化事物的能力。

我喜歡把星際之門想成縮小版的銀河系。這個地方是我們連通宇宙的門戶，所以我觀想它就在我的頭頂上方。透過星際之門的神奇力量，我們能將夢想、渴望與目標放到宇宙能量的漩渦中，讓這些美好在生命中顯化。

✦ 今日能量頻率 ✦

今天，請你與星際之門脈輪連結，探索宇宙的深邃能量。此刻，你的頭頂上方有一個迷你銀河系，它將作為媒介，開啟你和全宇宙的連結。

你不必思考怎麼使用這股能量，只要盡可能提高自己的能量振動，去感受它、與它自在共處即可。雖然與星際之門連結很簡單，但它的能量也非常強盛，可能需要一些時間適應。

設定心中的意圖：

「我已經準備好開啟我的星際之門。」

✦ 花 10 到 15 分鐘冥想。可以的話，不妨坐在地上，讓自己接地。

✦ 每一次吸氣時，想像將星星的能量，從宇宙帶入自己的氣場。

✦ 維持這樣的意念，調整呼吸 20 至 30 次，看見自己安全地漂浮在宇宙中心，感受四周純粹的潛能。你已經與無限可能連結。

✦ 當你回到地球時，進入接地的姿勢（例如第 62 頁的嬰兒式），多補充水分，吃點讓你接地的食物（例如高純度的黑巧克力），帶自己回到地球上。

分享你的能量

「此刻，我和宇宙合而為一。」

靈性練習 88

顯化奇蹟

在前一個練習中，你讓自己的能量振動與星際之門同調，在那一刻，你更能駕馭即時顯化的能力，換言之，設定意圖之後，你幾乎能在剎那間看到意圖實現。不過，如果什麼都沒發生，你也許會覺得自己做錯了什麼。哪些環節可能出了問題？

在顯化的時候，你可能犯的錯只有一個：陷入恐懼和懷疑。但是，你可以打開自己的奇蹟之心來排除這些負能量。

奇蹟之心是你的一部分，能進入充滿無限可能的集合空間。在那裡，你相信不管一件事多麼驚天動地、發生機率多低，或是多離奇神祕，都有可能發生，沒有什麼不可能。別忘了，宇宙是一個奇蹟之地，而你值得讓更多奇蹟進入生命裡。

奇蹟之心非常美妙，它的本質是信心，有時帶著期待，也代表分享、付出與奉獻的心。奇蹟之心的重點不在追求物質財富，而是享受生命中的美好，同時對成功，也對世俗所謂的「失敗」保持開放的態度。

用奇蹟之心思考時，即使事情沒有照著計畫走，你依然相信自己的意念、能量，以及和宇宙同頻的能力，知道它們仍在發揮作用，持續為你的生命創造最棒的轉變。奇蹟之心是你無所畏懼的一面，能克服一切疑慮與恐懼；秉持奇蹟之心的你感覺放鬆平靜，深知此刻美好的能量正圍繞著你。

今日能量頻率

「我和宇宙共為一體。
我身處無限的可能之中，
相信任何事情都有可能。
當我專注在豐盛的意念上，奇蹟自然發生。
我被宇宙的潛能填滿，我受到支持，且獲得指引。」

分享你的能量

「心靈是創造奇蹟的媒介！」

靈性練習 89

前進未來，設定意圖

你也許聽過「前世回溯」(past-life regression) 的概念（我們並沒有要做這件事），但你可能沒聽過「來世推進」(future-life progression)。相較於回到前世（這是可行的），來世推進著重於**前進未來時空**，在那裡創造正向意念和設定意圖。畢竟，未來就是我們要去的地方，不是嗎？

我自己做靈性練習時，也會做來世推進：我會進入冥想，接著在那個狀態下往前推進，前往五到十年後的未來。我記得第一次做推進是十五歲的時候，當時我看見自己站在台上，跟台下一千多位聽眾分享天使的美好。我記得在那次靈視裡，當我走下台後，緊接著上台的是全世界最知名的天使專家朵琳·芙秋。我原本以為這只是個白日夢，結果就在 2013 年，我看見的願景成真了。

除了回到過去，你的心也能帶你前進未來。你看到的景象，會取決於你此刻的振動頻率與意圖。當時，我投入天使工作的意念非常強烈，雖然有幾年我迷失了方向、淡忘了初衷，但我後來重新振作，心中的意圖更加堅定，一切最終也修成正果，在生命中顯化。

此時此刻，**你**的意念和意圖聚焦在什麼事物上呢？

我們能在來世推進時設定意圖嗎？當然可以！宇宙會將你的意圖視為已經完成的訂單、已經創造出來的事物，只要你的意圖本意良善，終將化作現實。好好設定心中的意圖吧！

今日能量頻率

- 仿照第291頁的方式，進入冥想練習，為開啟星際之門做準備。
- 想像你漂浮在浩瀚的宇宙之中。
- 你可以說：「我已經準備好推進到五年後的未來」，讓你的心帶你窺見五年後可能發生的事情片段。
- 身處未來時，你可以加入自己五年後的目標。觀想自己實現了這些目標，享受推進的體驗，但是心裡也要清楚知道：你並沒有一定要照著某個計畫走，你相信宇宙會為你做最好的安排。你想花多久的時間做推進都可以。
- 準備好的時候，觀想你的意圖是一顆明亮的星星。將這顆星放在宇宙裡，接著將你的星際之門傳送到宇宙中心。
- 你的意圖已經設定完成。現在，請你放心將一切交給宇宙。
- 接地、調息、吃點東西，然後放鬆休息。

分享你的能量

「宇宙會讓心中所見的願景成真，好好集中精神吧！」

靈性練習 90

展開你的翅膀

當我想要啟動自己的能量，與高頻振動保持調和，我常做的事情是展開翅膀。

透過簡單的意圖和手臂動作，你就能用氣場能量創造出夢幻的天使羽翼。我借助做瑜伽的個人經驗，結合自己的天使工作，設計出一套流動的韻律動作。搭配專注的意念時，這套動作能帶來安全感和力量，幫助你顯化渴望的人生。

✦ 今日能量頻率 ✦

今天，請你展開夢幻的天使翅膀！

✦ 雙手放在胸前合十，說：「親愛的天使，謝謝祢們打開了我的心！」

✦ 雙手維持合十，接著移動到喉嚨處，說：「親愛的天使，謝謝祢們讓我用愛表達真實的自我！」

✦ 繼續維持合十姿勢，將雙手帶到你的第三眼，說：「親愛的天使，謝謝祢們讓我的內在之眼澄澈明亮！」

✦ 將雙手高舉過頭，完全伸展，接著往兩側分開，在空中畫出翅膀的形狀。

✦ 然後說：「我展開了翅膀！我自由了！」

分享你的能量

「我展開了翅膀，做讓自己快樂的事！」

整　合

INTEGRATE

◆ 脈輪：全部

在這一章節，練習的深度提高了，內容卻相對簡單，用意是鼓勵你用心體會日常靈性修行的簡單、純粹。

在這個階段，請你整合過去 90 天的所有學習與體悟，並充分體認到，只要稍稍轉換心念，你就能提高自己的振動頻率。

每個練習都以一句肯定語為主軸，雖然這些肯定語都不長，但說完之後，不妨在你的冥想坐墊（或瑜伽墊，或任何你習慣用的東西）上靜坐一下，讓宇宙帶來你需要的指引和訊息。

這一次，將你的身心靈全部投入靜坐冥想，放手任憑一切發生，讓相信宇宙、向宇宙臣服的本心自然融入你的生活、你的靈性練習、你的世界。

冥想提示：靜坐時掌心朝上，便於領受。

靈性練習 91

「在靈性道途上，我受到支持」

你已經提升了振動頻率，靈性練習對你來說愈來愈輕鬆了。現在，請你整合自己知道的一切。

今日能量頻率

「在靈性道途上，我受到支持。
我的每一步都受到引導。
我內心安適，自在生活。」

分享你的能量

「我的每一步都受到引導！」

靈性練習 92

「我在安全之中」

知道自己受到保護、感到安全非常重要。你的靈魂是永恆不滅的，你永遠不會受傷或破碎。今天，請你找回內心的安全感。

今日能量頻率

「我在安全之中。
我的靈魂永生不滅。
我受到療癒，圓滿完整。」

分享你的能量

「沒有什麼能阻礙我的靈魂閃耀！」

靈性練習 93

「我是一道光」

當你想起自己是光之存有，一道巨大的能量光束便從你身上向外發散，像燈塔一樣照亮了世界。天使、揚升大師和宇宙萬物（包含其他光行者）都被你的光吸引而來。今天，請你化身為光之燈塔，吸引你的同類前來吧！

今日能量頻率

「我是一道光。我和宇宙的光之源頭連結。
我與世上其他的光共為一體！」

分享你的能量

「今天，我選擇點亮自己！你要不要跟我一起？」

靈性練習 94

「我充滿力量，堅定前行」

除了你自己，沒有人可以阻止你。今天的練習提醒你專注在自己的長處和天賦上，往眼前的路筆直前進。放下恐懼、包袱和任何羈絆你的事物。

今日能量頻率

「我充滿力量，堅定前行。
我跨越了一切限制。
我自在流動，輕鬆前進。」

分享你的能量

「只有恐懼能阻礙你往前，讓它走吧！」

靈性練習 95

「我對自己溫柔」

你希望別人用什麼語氣對你說話，就用同樣的口吻跟自己對話吧。他人對你說的負面言語，也許你已在心裡對自己說過好幾遍。外在的一切負能量，可能是內心自我批判的投射，趁此機會做出改變吧！學習善待、疼惜、關愛自己，世界也會變得更溫柔。

今日能量頻率

「我對自己溫柔。今天，我有了善待自己的理由。
找向自己提供在他人身上尋求的支持。疼惜自己的感覺真好。
美善的意念在我心中自然流動。」

分享你的能量

「我的內心常保溫柔善念。」

靈性練習 96

「我得到原諒」

你不需要請求神性的原諒，因為你早已被原諒。當你犯了錯、後悔做了某件事，宇宙會立刻給你愛與關懷。問題在於：你能不能原諒你自己？

今日能量頻率

「我得到原諒。我不需要爭取認可，因為我已經被認可。
宇宙早已用愛包圍了我。
親愛的宇宙，謝謝你。我接受自己已被原諒。」

分享你的能量

「多一分原諒，就少一點煩憂！」

靈性練習 97

「我已被接受」

知道自己是完美的人類非常重要。你的天使、靈性導師、天上所有你愛的人，都非常愛你。你不需要做任何事或成為任何人，才能讓祂們以你為榮，祂們也早已為你感到驕傲。看到你一步一步活出最正向的自己，祂們是如此開心激動。今天，讓被接受的感受，帶你進入靈性覺醒的新階段吧！

今日能量頻率

「我已被接受。天使看見我充滿神性，我已被接受。
我選擇看見自己的光，我已被接受。
感到自在快活本是我的靈性權利！」

分享你的能量

「被接受的我，感覺如此完滿！」

靈性練習 98

「我因為愛而完整」

在所有靈性教導的觀念裡，世間一切最終都只是幻影。沒有任何物質的東西能跟著你回到天上。因此，如果內心要感覺踏實、完滿，只能仰賴在天上與人間都強大無比的真實力量：**愛**。

今天，請你尋找帶你前往愛的生命體驗，讓愛的能量滿足你的每一個需要。

今日能量頻率

「我因為愛而完整。愛是我生命中唯一真實的光。
我是被愛著的。我充滿愛，也值得愛。
無論到了哪裡，愛都伴我同行。」

分享你的能量

「愛是一切的答案。」

靈性練習 99

「天使包圍著我」

當你想起愛的存在時，天使就會前來。祂們跟你一樣，都是神性的體現，你的幸福快樂是祂們的最高目標。請知道你的天使此刻就在身旁，你也能感受祂們的存在。今天，請你呼求天使，感受祂們充滿愛的指引。

✦ 今日能量頻率 ✦

「天使包圍著我，我願意感受祂們的光。

我感謝祂們與我同在，感謝祂們無時無刻的指引。

噢，愛之天使，現在就從天上來到我身邊，守護我吧！」

分享你的能量

「我有天使守護著我！」

靈性練習 100

「我根植於大地」

你愈能安穩接地，發出的光芒就閃耀。提升振動頻率的概念，可能會讓人誤以為要揚升到新的維度。不過，你提升的其實是自己所在維度的能量。因此，維持與地球母親的連結，根植於大地吧！唯有如此，你才能在大家共同踏上的療癒旅程中，支持其他人。

今日能量頻率

「我深深根植於大地。
我的光與地球母親的心臟連結。
我非常感恩能在這裡！」

分享你的能量

「保持接地讓我成為世界上更閃耀的光！」

覺　醒

WAKE UP

◆ 脈輪：全部

啟動你光之能量的時刻已然來到。接下來的重點在於建立新的生活模式、培養新的習慣。請了解到，在這一個階段，你會將所有脈輪提升到全新的覺知境界。

每天投入靈性練習，是為了更善於體察生活，幫助你成為改變世界的正向力量。如果你的練習愈來愈專注、深入，你應該已經覺察到自身的轉變，尤其是在面對困難的時候。也許過去碰到困難時，你經常反應過度、情緒失控，但現在你能轉換心念，找到另一條路繼續前進。

請你記得：踏上這條路的你，已經展現無比的勇氣。也別忘了，這一路上的每一步，都有帶著純淨聖光的天使與你同行。

接下來的 11 個練習將啟動新的進程，讓你與更高的能量振動合一。這是你靈性覺醒的時刻！準備好散發最閃耀的光芒吧！

靈性練習 101

「我如水流動，安適自在」

每日靈性練習的重點，是在給予和接受之間找到平衡，也是在努力與毫不費力之間找到甜蜜點。太過努力，可能會在無意間阻礙自己；毫不費力，則可能錯過一心尋找的事物。兩者之間的甜蜜點，即是流動與自在。

今日能量頻率

「我如水流動，安適自在。
豐盛的流滋養了我生活的每個角落。
我敞開心胸，接受各種指引與富足。
宇宙會支持我走的每一步。」

分享你的能量

「我順著生命流動，我讓內在的光閃耀！」

靈性練習 102

「我已被生命點亮」

宇宙生命力是無限能量的集合。此刻，你已在光的照耀下被點亮。今天的練習鼓勵你將光吸入身體裡，啟動神聖意志，感受神性為你做的安排。

今日能量頻率

「我已被生命點亮。
來自神性的能量持續流入我的身體。
我讓自己的意志與最好的安排同步。
我啟動自己的光！」

分享你的能量

「活著的感覺真好！我的靈魂已被點亮！」

靈性練習 103

「我敞開心胸領受」

你值得擁有愛。你不必刻意尋找，只要為愛創造空間就好。今天，你獲得了宇宙的親吻。敞開心胸，感受宇宙輕柔的一吻，讓它填補你給出去的一切。

✦ 今日能量頻率 ✦

「我敞開心胸領受。
我的心如此開放、樂於接受。
宇宙正在親吻我的靈魂。
我歡喜迎接無限的支持之光。」

分享你的能量

「當你選擇領受，宇宙便欣然給予。」

靈性練習 104

「我展現真實的自我」

你真實的自我即是你的靈魂，即是一大團完滿的愛。你可能不希望自己像一團粉紅色、圓滾滾的毛球（你當然不只是一團毛球），不過現在就是你展現自我本色的時刻。你是一團美妙的星塵、宇宙聖光、無限潛能！為自己感到驕傲，與全世界分享你的美好吧！今天，請你和世界分享自己，肯定你的能量！

今日能量頻率

「我展現真實的自我，我真正的模樣便是光，
我的存在便是奇蹟。我每一天都驕傲地做自己。
我是充滿無限潛能的愛！」

分享你的能量

「我的本質就是無限！」

靈性練習 105

「我相信我的內在之眼」

你的自然本我具有敏銳的靈視力。你的內心不斷傳送支持與希望的願景。今天，請你花點時間冥想，感受你的內在之眼，與它連結。內在之眼的指引永遠存在於當下，當你跟隨它的指引，振動頻率便直上雲霄。

今日能量頻率

「我相信我的內在之眼。我讓我的心靈之眼覺醒。
能夠在神性指引存在時領受，我是如此感謝。
我相信我的直覺，放心跟隨它的腳步。
我的靈魂已經覺醒！」

分享你的能量

「神性指引只會以現在式來臨！」

靈性練習 106

「我禮讚內在的智慧」

此時的你，很可能已經養成依循內在指引的習慣。你知道自己能信任那個聲音。你永遠都走在對的路上，絕不會偏離。今天的練習鼓勵你禮讚內在的智慧，同時明白你不需要做出大規模的改變。指引降臨的方式總是輕柔、總是細微，一步一步帶領你前進。

今日能量頻率

「我禮讚內在的智慧。
訊息與靈感啟示循序漸進地來到。
我的每一步都獲得指引，
我走在正確的道途上！」

分享你的能量

「你永遠不會偏離正確的路，每一天有所學習、成長！」

靈性練習 107

「我是大千世界的一部分」

小我喜歡在你耳邊嚼舌根，要你相信自己還不夠好。它會教你怎麼成為更好的人，但你其實已經活出最棒的自己。宇宙希望你知道，你是大千世界的一部分。你是觸發改變與愛的契機，你所做的一切都創造了正能量，為地球帶來療癒。

✦ 今日能量頻率 ✦

「我是大千世界的一部分。
我的正能量是引領改變的契機。
我擁有待在地球的充分權利，
我願意療癒全世界！」

分享你的能量

「你多受一分療癒，世界就多一分美好。」

靈性練習 108

「我與此刻的萬事萬物合一」

在瑜伽、印度教、藏傳佛教等靈性文化傳統中，108 是很吉祥的數字，因為印度教與佛教的念珠（梵文為 mala）正是由 108 顆珠子串成。印度教經典《奧義書》有 108 部；在阿育吠陀傳統醫學中，人體也有 108 個稱為「marma」的生命能量點位。不只如此，月球到地球的平均距離，剛好約是月球直徑的 108 倍，太陽到地球的平均距離，則是太陽直徑的 108 倍。

因此，108 是象徵合一的數字，將此刻的一切存有匯聚在一起。瑜伽便是追求身、心、靈整合的修練。今天，請你也做這樣的練習，讓身心靈合而為一吧！

✦今日能量頻率✦

「我與此刻的萬事萬物合一。

我是由純粹的生命力構成。

在靈性的道途上，我永遠不會一個人走，因為我從來不孤單。

我與每一個人、每一株花草、每一隻鳥獸連結。

我是何其有幸，能與創生本源連結。

我是何其有幸，能成為光與生命的體現。」

分享你的能量

「我們即是一體。如此而已。」

靈性練習 109

「我沐浴在聖光中」

「聖光已然來臨。你能療癒他人，也能獲得療癒。聖光已然來臨。你已獲得救贖，也能救贖他人。你的內心安定平靜，不論你到何處，安定都與你同行。黑暗、混亂及死亡已經消逝。聖光已然來臨。」

這段話完美詮釋了你現在的狀態。你已經將光芒內化為自己的一部分。你深化了靈性連結，也大幅提高了振動頻率。而今，你儼然是一座光之燈塔，並以純淨聖光照亮了世界！

聖光已然來臨，因為你即是聖光。今天，宇宙對你點頭致意，感謝你成為那道光。今天，請你沐浴在自己的聖光裡。

✦ 今日能量頻率 ✦

「我沐浴在聖光中。

我驅走了一切黑暗。

聖光已然來臨。

我即是光之燈塔！」

分享你的能量

「不管到了哪裡，我都選擇點亮自己！」

靈性練習 110

「頻率好 high＝心情好 high！」

Give me five！跟我擊掌吧！不要只是笑一下，我是說真的，擊掌吧！噢耶！（做一次空氣擊掌。）

你的振動頻率已經大幅提升。我希望你了解到，此刻的你真的活出了自己的靈魂，展露內在最耀眼的光。天使已經集結在你身旁，為你喝彩，慶祝你蛻變成更好、更新的自己。

你已經調和所有脈輪的能量，打開和宇宙的連結，放下各種負面意念，也和最高的能量同頻共振。你真的超讚！

✦今日能量頻率✦

「我的振動頻率如此地高。
我已經升高了一個八度的音程（octave，離開目前的頻率層次，
前往更高的頻率維度，亦即所謂的揚升）。
我和最高的宇宙本源連結。
天使圍繞著我，照亮眼前的路。
揚升大師與神聖導師此刻都與我同在。
我順著道途前行，一路領受指引，感受高頻能量、感受連結。
和宇宙如此緊密相連的感覺真好。
我正是為此而生！」

分享你的能量

「在靈性的道途上，我不是靜靜地走，
我是氣場非凡、驚艷全場地走！」

靈性練習 111

「我是光行者，我接受自己的天命！」

沒錯，你正式成為了光行者。你其實一直都是，也永遠會是光行者。

請了解到，此刻的你正在接受表揚。想像一位光之守護者將畢業證書交到你手裡，對你連聲恭喜，因為這就是此刻正在發生的事。

你走到了這一步，也接受了自己的天命。現在，讓我們用以下來自神性的訊息，為過去這 111 個靈性練習畫下圓滿句點。

✦ 今日能量頻率 ✦

「我與此刻的萬事萬物合一。
當我呼吸、流動、表達、領受，
我吸入了歡喜、永恆的生命能量 prana，我吸入了宇宙的能量。
當我吐氣，我將這份神性本質，
與一切實體和非實體的維度分享。
我的心是一切萬有的一部分，並與之合一。我的心是在你額頭上的神性之吻，是滋潤你內臟器官的血流。
感受我，感受我在你的中心、在你的內在之火，
我是喚醒你神聖意志的宇宙啟發之光。
蛻變、創生的神性力量已經甦醒，準備顯化與分享。
在我的銀河裡，你是一顆閃爍明亮的星。
現在就是你照亮世界、照亮宇宙的時刻，因為這就是你的天命：
你就是宇宙。」

分享你的能量

「我是在宇宙中心閃耀的星星！」

你的光行者宣言

宣言是一種正式的聲明或宣告。以肯定句做出的宣言，能提升你的能量，幫助你的靈性天賦與能力綻放光芒。

你可以選擇一次性發表這份宣言，也可以時常複誦（尤其是心情低落，或被小我嘲諷的時候），提醒自己有更崇高的使命。你可以大聲讀出宣言，或是在心裡默念。你可以把宣言寫在日記裡，或寫在紙上。有的人喜歡為宣言創造一個儀式，有的人覺得誠心念完便已足夠。只要感覺對了，你想怎麼做都可以，因為這就是靈性的真諦：用你自己的方式，和宇宙、創生本源（或是你賦予它的名字）培養獨一無二的關係。有時候，我只把這段關係簡單稱作**愛**。

在空白處，請說出你的名字；如果你擁有手上這本書，不妨直接寫上自己的名字。

完成你的宣言之後，花點時間調息、覺察並領受。

光行者宣言

我，______________________，準備好體認到，我的生命有更崇高的意義。我願意明白，我的內在有一道神性的光芒，永遠不會熄滅。

我了解也接受，光行者的道途並非獨行的修練之路，而是被神性的臨在與光之天使照亮的光明之路。

我是______________________。

我是一位光行者。

我選擇接受自己是一個靈魂。我的靈魂如此強韌、有力，時時受到指引。我靈魂的聲音如此嘹亮、清澈，給我滿滿支持。

100,000 個天使與大天使支持著我。

在我之前踏上這條路的揚升大師，紛紛為我加油打氣，祂們知道我已經準備好創造改變，成為啟發他人的光。

我是______________________。

我是一道光。

世界正在被點亮。

我選擇加入照亮世界的光。

我選擇看見聖光、擁抱聖光。

隨著光行者的光逐漸合而為一，願我們心中的和平，觸及每一個需要的人。願眾人在自己的世界裡感受喜悅與自在。

我們即是聖光。

在神聖恩典中，我接受光行者的使命，宣布我已聽見呼召。

親愛的天使，謝謝祢們照亮我眼前的路。

親愛的靈性導師與揚升的光行者，謝謝祢們。我敞開心胸領受祢們的指引與支持。

偉大的創生本源，謝謝你。我多麼開心這一路有你相伴。

一切本應如此。

作者簡介

凱爾・葛雷從小就有多次與靈界接觸的經驗。他才四歲時，祖母的靈魂便從另一個世界來探望他。

從小到大，凱爾總是能聽見、看見、覺受超越人類感官的事物，這項天賦最終讓他在青少年時期發現了天使的力量與聖愛。

而今，年僅 34 歲的凱爾已經是業界當紅、備受讚譽的天使專家。透過保持接地的特殊專長、忠於自我的個性，他用平易近人的方式推廣天使與靈性的概念，運用現代觀點詮釋古老的靈性智慧，期許自己能幫助今日的廣大讀者。

凱爾時常在世界各地巡迴演講，他在英國境內與歐洲的講座大獲好評，門票經常熱銷一空。他現居蘇格蘭第一大城格拉斯哥，並經營有瑜伽與冥想空間「The Zen Den」。

聯絡方式

Facebook：kylegrayuk

Twitter：@mgck

Instagram：@kylegrayuk

www.kylegray.co.uk